Prof. Dr. Angela Geissler

Zen und die Kunst, im Internet zu surfen

Prof. Dr. Angela Geissler

Zen und die Kunst, im Internet zu surfen

Wegweiser für einen bewussten Umgang mit der digitalen Welt

nymphenburger

Umschlaggestaltung von STUDIO LZ unter Verwendung
eines Fotos von shutterstock / spainter_vfx.

Unser gesamtes Programm finden Sie
unter **nymphenburger-verlag.de**

MIX
Papier aus verantwortungsvollen Quellen
FSC® C083411
FSC www.fsc.org

Gedruckt auf chlorfrei gebleichtem Papier

ISBN 978-3-485-02989-6
Lektorat: Dr. Stefan Raps und Monika Riedlinger
Redaktion: Birgit Schönberger
Gestaltung und Satz: Satzwerk Huber, Germering
Produktion: Angela List
Druck und Bindung: CPI books GmbH, Leck
Printed in Germany / Imprimé en Allemagne

Inhalt

Einleitung

Kann die virtuelle Welt aus Datenströmen, Algorithmen, Wellen und Bildern zu einem eigenen Bewusstsein erwachen, sich verselbstständigen und Menschen in die zweite Reihe verweisen? Stehen wir kurz vor der Übernahme durch eine Superintelligenz? Und wenn ja, könnte diese neue Form von Intelligenz den nächsten Schritt in der Evolution darstellen und die Menschheit sogar weiterbringen? Dieses Buch handelt von den Risiken und Transformationschancen, die die digitale Welt bietet. Es ist keine Science-Fiction, es geht um Sie, liebe Leserin, lieber Leser, und Ihren Alltag hier und heute.

Als Radiologin lebe ich schon seit fast 20 Jahren in einer digitalen Umgebung. Computersysteme berechnen heute Röntgenbilder, diese entsprechen den menschlichen Sehgewohnheiten, haben aber mit den ursprünglichen Daten wenig gemein. Schon lange nutzen Radiologen Programme, die Befunde erkennen, Objekte als 3-D-Rendering darstellen und Oberflächen rekonstruieren. Nun bewegt sich eine neue Welle an künstlicher Intelligenz auf die Medizin zu. Die neuen Systeme lernen selbst und können auf Bilddaten zurückgreifen, die sich für Menschen nicht erschließen. Sie werden Mediziner unterstützen und den Ärztemangel in vielen Regionen mildern.

Gleichzeitig werfen sie neue Fragen auf. Wo verläuft die Grenze zwischen Mensch und Maschine? Ist diese Frage nur rein rhetorisch? Werden Sie und ich über kurz oder lang wie im Film »Matrix« untrennbar mit der Welt der Algorithmen verbunden sein? Was passiert, wenn die Digitalisierung alle Lebensbereiche durchdringt? Welche Konsequenzen hat das? Diese Frage hat eine juristische, philosophische und auch eine spirituelle Dimension. Vom Verlauf dieser Entwicklung hängt ab, wie die Welt in Zukunft aussehen wird.

Als spirituelle Lehrerin einer modernen Zen-Linie stelle ich mir die Frage, ob genau diese Situation nicht eine großartige Gelegenheit ist, die Weiterentwicklung des menschlichen Bewusstseins voranzutreiben. Im Idealfall könnten sinnvolle, von Menschen programmierte Algorithmen dazu beitragen, Probleme wie Hunger, Kriege und die Zerstörung unserer Ressourcen zu lösen.

Noch nie wurden Informationen so rasch verbreitet. Noch nie war es möglich, über riesige Distanzen hinweg miteinander zu arbeiten, zeitgleich, wenn auch in verschiedenen Zeitzonen und Kulturen. Die schöne neue Online-Welt nährt das Gefühl von menschlicher Omnipräsenz und schürt gleichzeitig Ängste vor der Allmacht von Algorithmen. Man muss kein Kaiser, kein Herrscher mehr sein, um seine Ideen weltweit verbreiten zu können. Eine einzelne spontan geäußerte Stimme, die den Nerv der Zeit trifft und auf vielen Kanälen verbreitet wird, kann genauso große Auswirkungen haben wie strategisch ausgeklügelte Aussagen von Politikern. Das alles verändert die Welt, in der Sie und ich leben, drastisch.

Die digitale Welt, in der alles zeitgleich verfügbar ist, hat eine hohe Anziehungskraft. Sie werden gesehen, gleichgültig, wo Sie leben. Sie erhalten Zuspruch für Ihre Sorgen, bekommen in Bruchteilen von Sekunden Antworten auf Ihre Äußerungen und auch gnadenlose Kritik. Obwohl diese Art der Kommunikation eine analoge Begegnung nicht ersetzen kann, erzeugt sie doch auch große Intensität. Sie bindet Ihre Aufmerksamkeit, Ihre Zeit. Ob es Ihnen bewusst ist oder nicht, im Kontakt mit der digitalen Welt verwandelt sich Ihr Gehirn in das eines Süchtigen. Sie können sich gar nicht dagegen wehren, Sie sind immer auf der Suche nach dem nächsten medialen Kick.

Wenn wir ehrlich sind, verhalten wir uns nicht immer vernünftig. Obwohl wir das Risiko kennen, hinterlassen wir mehr Spuren im Netz, als uns guttut, und sind oft weitaus gläserner, als uns lieb wäre. Jugendliche gehen unbefangen mit den neuen Möglichkeiten um, gleichzeitig sind ihnen die Probleme und Limitationen dieser Art des Lebens durchaus bewusst. Der Sog, immer online sein zu müssen, kennt mittlerweile keine Altersgrenze mehr. Ständig rufen uns die digitalen Verführer zu: Lies mich! Like mich! Bewerte mich! Kommentier mich! Antworte mir! Um dem permanenten Aufforderungscharakter der digitalen Sirenen zu widerstehen, müssten wir uns wie Odysseus an den Mast binden lassen. Doch wer möchte schon einen Klick verpassen?

Der Selfie-Kult, Instagram und Snapchat stellen neue Anforderungen an das Bild, das wir von uns selbst haben. Es ist heute ein Kinderspiel, das Bild so lange zu manipulieren, bis es perfekt erscheint. Warum sich mit dem unzulänglichen Original begnügen, wenn eine viel überzeugendere Version nur wenige Klicks entfernt ist? Es ist nur naheliegend, alles zu tun, um das Alltagsgesicht zu optimieren. Mit Photoshop und Selbstverschönerungs-Apps. Vielleicht sind Sie schon mal erschrocken beim Blick in den Spiegel, weil er ungeschönt das Alltagsgesicht zeigt. Der Blick in den digitalen Spiegel ist ein Zerrbild, das wissen Sie, doch dieses Bild ist ungleich verlockender, weil es Ihre Sehnsüchte scheinbar erfüllt.

Das kurze Glück, das sich beim Blick auf das optimierte Selbst einstellt, ist jedoch rasch verflogen, und ein schaler Geschmack bleibt. Kennen Sie das? Sie begegnen Ihrem Spiegelbild in einer Fensterscheibe und erschrecken beinahe, weil es so nackt und unbearbeitet ist. Mancher plastische Chirurg trifft inzwischen Patienten, die ihren realen Körper der Traumwelt anpassen möchten. Doch glauben wir wirklich daran, dass ein künstlich nachgeformter Körper der Schlüssel zum Glück ist? Wir können der Tatsache, dass wir altern und uns verändern, nicht entkommen.

Und doch lockt die Verführung, uns mithilfe künstlicher Intelligenz einen Menschheitstraum zu erfüllen und einen perfekten Menschen mit ausgesuchten Eigenschaften zu kreieren. Der Traum, uns selbst neu erschaffen zu können, verspricht ganz neue Optionen. Zum Beispiel die, in der virtuellen, digitalen Welt als Avatar vollkommen anders sein zu können. Diese Vorstellung hat eine fast schon göttliche Dimension. Doch solange wir Menschen aus Fleisch und Blut sind, leben wir in der Realität mit ihren Gesetzmäßigkeiten von Werden und Vergehen und nicht als digitale Repräsentanz wie im Film »Tron«.

Im Äußeren können wir nur Trugbilder erschaffen und in illusionären Welten wandern. Ob wir so glücklich werden, bleibt fraglich. Unser eigenes Bewusstsein schrumpft, die künstlichen Intelligenzen werden größer. Wenn wir unsere Potenziale entwickeln wollen, müssen wir uns selbst weiterentwickeln. Wer oder was ist dieses Selbst? Das zu erforschen und zu entdecken, diese Reise anzutreten ist ein großes Abenteuer. Solange wir bewusst leben, können wir diesen Weg gehen.

Auch wenn ein Rechner Ihre Erinnerungen fälscht, gibt es immer noch einen inneren Kern, der Sie als Menschen ausmacht. Je enger die Verknüpfungen Ihres Bewusstseins mit der Welt der Algorithmen und Programme werden, desto wichtiger ist die Suche nach Ihrem Wesenskern. Wir sollten die Entwicklung dieser Welt und der Menschen nicht Programmen überlassen. Sonst laufen wir Gefahr, Opfer unserer eigenen weiterentwickelten Algorithmen zu werden oder gar als Programmfehler eliminiert zu werden. Zu ergründen, was Sie als Menschen im tiefsten Inneren ausmacht, bedeutet, auf eine ganz besondere Expedition zu gehen. Der erste Schritt dieser Reise hat mit dem Lesen dieses Buches schon begonnen.

Im Film »Matrix« wird der Held Neo vor eine schwierige Wahl gestellt. Er kann entweder eine rote Pille nehmen, die sein Bewusstsein so verändert, dass er erkennen kann, wie die Welt wirklich ist. Oder er kehrt mit einer blauen Pille in seinen gewohnten Bewusstseinszustand zurück. Die Wahl zwischen der roten und der blauen Pille haben wir nicht. Wir können uns aber auf die Suche nach unserem inneren Wesenskern machen. Die Begegnung mit Ihren Potenzialen, Ängsten und Herausforderungen und der Frage, wer wir wirklich sind, ist spannender und fordernder als jedes Rätsel in der virtuellen Welt.

Als Ärztin weiß ich, dass viele Menschen lieber eine rote Pille nehmen, als sich selbst auf den Weg zu machen. Das klingt doch einfach verlockend. Aber auch im Film »Matrix« wird klar, dass die Pille der Erkenntnis nur der erste Schritt ist. Wer sind Sie wirklich? Das können nur Sie selbst erfahren und herausfinden. Auf dieser Reise der Erkenntnis kann Ihnen die Digitalisierung helfen. Sie können die virtuelle Welt als Entwicklungsmotor nutzen, denn Sie müssen einen Schritt voraus sein, um nicht überrollt zu werden und vollständig die Kontrolle zu verlieren.

Mit jedem Schritt, den Sie gehen, verändert sich auch die digitale Welt. Die Herausforderungen der digitalisierten Welt können Sie als Treppenstufen für Ihre Entwicklung nutzen.

In mythischen Zeiten begab man sich in einen Tempel, um sich selbst zu begegnen, Gelassenheit und Stärke zu entwickeln. Über dem Eingang zum Orakel von Delphi fand sich schon der Satz: »Erkenne dich selbst.« Nutzen wir die virtuellen Tempel der Neuzeit, um unseren eigenen Weg zu ergründen. Ich möchte Sie mitnehmen auf eine Reise in die digitale Welt, die Sie und mich fast wie eine zweite Haut umhüllt. Auch ich bin Teil der digitalen Welt. In diesem Augenblick schreibe ich auf einem Computer, speichere meine Sätze in einer Cloud und nutze das Internet für die Suche nach Zitaten.

Natürlich könnte ich diesen Text auch in eine Kladde schreiben, auf Büttenpapier oder ein Palmblatt. Ich könnte eine alte Schreibmaschine vom Dachboden holen. Diese Schreibformen sind selten geworden, obwohl in jedem Buchladen und Schreibwarengeschäft wunderschöne Bücher ausliegen. Sie eignen sich als Tagebuch, für kreative Einfälle oder private Notizen. Doch wer möchte sich im Job die Mühe machen, handschriftliche Texte zu übertragen? Selbst die eigene Handschrift ist oft schwer zu entziffern. Unter Ärzten gilt eine unleserliche Handschrift sogar als Markenzeichen.

Wer sich noch an mechanische Schreibmaschinen erinnert, kann den Fortschritt nicht hoch genug schätzen. Allein die Korrektur eines Tippfehlers bedurfte oft großer Geschicklichkeit. Dankbar nutze ich deshalb die ergonomische Tastatur meines Computers. Wie viel bequemer ist ein Computerprogramm, das mir auch noch die vertrackten Rechtschreibregeln mittels Markierungen vor Augen führt. So genieße ich die Segnungen der Digitalisierung und freue mich, dass vieles so viel einfacher und klarer geworden ist. Damit bin ich beim Schreiben auch online. Auch das Handy liegt erwartungsvoll neben mir. Oder warte ich darauf, dass eine Nachricht eingeht? So bietet das digitale Schreiben ganz neue Möglichkeiten und schafft gleichzeitig neue Probleme. Lassen Sie uns aufbrechen zu einer Wanderung auf dem Grat zwischen den Welten. Doch Vorsicht, diese Wanderung könnte Ihr Leben verändern.

KAPITEL 1

Gespräche heute – digital und analog

Wassertropfen fällt
Verdampft auf heißem Boden
Zarter Nebelduft

Wie wir miteinander kommunizieren, entscheidet über die Qualität unserer Beziehungen. Kommunikation kann Brücken bauen, Nähe schaffen, Verständnis wecken, aber auch verletzen, spalten, Gräben vergrößern, Menschen sogar zerstören. Im digitalen Zeitalter verändert sich unsere Art zu kommunizieren grundlegend. Nachrichten fliegen in Sekundenschnelle um den Erdball. Es ist rund um die Uhr möglich, sofort darauf zu reagieren, ohne dem Gegenüber in die Augen zu schauen, oft ohne zu wissen, wer das Gegenüber ist. Dadurch beschleunigt sich der Takt von Aktion und Reaktion. Der Vorteil ist: In der digitalen Umgebung werden die Folgen Ihres Handelns sofort sichtbar.

Die Worte, die Sie aussprechen, schreiben, bloggen, führen beim Adressaten unmittelbar zu einer Reaktion. Sie können Menschen mit Worten und Nachrichten glücklich machen, verärgern oder eine ganze Kette von Reaktionen auslösen. Das gilt für jede Form der Kommunikation. In der digitalen Umgebung beschleunigen und verändern sich jedoch die Parameter. Um zu verstehen, was genau passiert, ist es hilfreich, einen kritischen Blick auf die gewöhnliche, analoge Kommunikation zu werfen und typische Verhaltensweisen im Gespräch zu erkennen, die im digitalen Raum gefährlich werden können.

Es geht an dieser Stelle nicht darum, alle Facetten von Kommunikation zu analysieren. Dazu gibt es hervorragende Literatur. Ich möchte schlaglichtartig Aspekte unserer alltäglichen Verständigung beleuchten, die im Netz zu Verwirrung und Eskalation beitragen können. In einem typischen Alltagsgespräch folgt meist Satz auf Satz. Ist das Gespräch einigermaßen ausgeglichen, wechseln sich die Gesprächspartner ab. Meist geht es stakkato, nur selten finden sich Pausen, oft treibt das Gespräch von einem Inhalt zum nächsten. Meist sind Gesprächspartner wenig achtsam und sprechen ungefiltert aus, was ihnen in den Sinn kommt, ob es gerade passt oder nicht. In der Regel sind wir schlechte Zuhörer, unterbrechen unser Gegenüber, suchen einen Punkt, an dem wir einhaken und eine eigene Geschichte erzählen können, und werden schnell emotional, wenn ein Satz fällt, der uns aufregt, irritiert oder verunsichert.

Alltagsgespräche folgen eher dem Muster unseres ungeordneten Denkens. Die Aussagen des Gegenübers provozieren schnelle Wertungen und spontane Gefühle. Diese Gefühle und Wertungen führen im Dialog oftmals zu unerwarteten Wendungen. Natürlich können hier auch neue Ideen Gestalt gewinnen. Häufiger in diesen Alltagsgesprächen sind allerdings plötzliche Gefühlsausbrüche, lästernde Bemerkungen eingeschlossen. Wie kommt es zu diesen Gefühlsausbrüchen? Wie beeinflussen die Teilnehmer eines Gesprächs sich wechselseitig? Und wie wirken diese Mechanismen in der digitalen Welt?

Im direkten Austausch sind die non-verbalen Botschaften oftmals wichtiger und aussagekräftiger als das gesprochene Wort. In einem Gespräch übermitteln wir eine Vielzahl von Signalen jenseits der Worte. Unbewusst nimmt Ihr Gesprächspartner Ihre Körperhaltung wahr. Bei ihm kommt eine nonverbale Botschaft an, die möglicherweise im Gegensatz zu dem steht, was Sie gerade gesagt haben. Die Sprachmelodie, die Lautstärke, in der Sie sprechen, sind wichtige Indikatoren für das, was Sie wirklich meinen. Sie werden viel stärker wahrgenommen als das gesprochene Wort. Auch in der Rolle des Zuhörers empfangen Sie die nonverbalen Botschaften Ihres Gegenübers und reagieren unwillkürlich darauf, auch auf dessen Grundstimmung.

Obwohl es kein abgegrenztes Sinnesorgan für Stimmungen gibt, können wir Stimmungen sehr gut spüren. »Man sieht nur mit dem Herzen gut …« beschreibt dieses Phänomen am anschaulichsten. Verwoben mit den Worten in einer nicht hörbaren, aber sehr wohl fühlbaren Frequenz, werden Gefühle übermittelt. Trauer wie Freude, Güte wie Hass. Es sind diese Empfindungen, die Sie frösteln lassen, wenn Sie einen Raum betreten, in dem ein schwieriges Gespräch stattgefunden hat und in dem jetzt buchstäblich eisiges Schweigen herrscht. Eine Stimmung im Raum wird körperlich fühlbar, erfahrbar, wenn wir bereit sind, sie wahrzunehmen. Halten Sie einen Moment inne, wenn Sie einen Raum betreten. Machen Sie sich bewusst, welche Stimmung Sie wahrnehmen.

Übung 1

Kleine Pause

Halten Sie einen Moment inne. Machen Sie eine kleine Pause, bevor Sie antworten oder eine Frage stellen. Nehmen Sie drei bewusste Atemzüge. Nehmen Sie Ihren Körper wahr. Spüren Sie nach, was in dieser Situation gerade passiert und wie Sie sich fühlen. Sprechen Sie erst danach weiter.

Wenn Sie plötzlich Kälte empfinden, ist das ein Hinweis auf eine kalte, vielleicht sogar eisige Atmosphäre. Gehen Sie nicht über diese Empfindung hinweg, lassen Sie sie einen Moment wirken. Diese kleine Pause fällt im Gesprächsverlauf nicht auf. Sie gewinnen damit Zeit, Ihre innere Gestimmtheit wahrzunehmen. Danach können Sie sich selbst und Ihren Gesprächspartnern offener gegenübertreten. An den Reaktionen Ihrer Gesprächspartner können Sie viel über sich selbst erfahren, weil sie oft Ihre eigene Stimmung zurückspiegeln. Wenn Sie Missverständnisse vermeiden wollen, ist es hilfreich, immer wieder kurz innezuhalten. Dann in den Spiegel sehen, der ihr Gesprächspartner für Sie in diesem Sinne sein kann. Diese Art der Spiegelung findet sich auch in den Spuren des Handelns, die wir in den digitalen Welten hinterlassen.

Gespräche in Zeiten der Digitalisierung

Auch in analogen Gesprächen im Büro, zu Hause und im Restaurant dominieren elektronische Geräte. Unsere Bindungsbereitschaft an Smartphone, Tablet, PC und Programme ist beeindruckend. Kein von Parship vermittelter Partner wird je so präsent in unserem Leben sein wie ein Handy. Auch am Wochenende werden entspannte Gespräche mit Freunden auf der Sonnenterrasse im Café sofort unterbrochen, wenn eine Nachricht aufpoppt. Manchen dämmert, dass der Drang, jedem Ping sofort nachzugeben, Symptome einer Sucht aufweist. Doch es ist nicht leicht, sich einzugestehen, nicht mehr Herrin oder Herr im eigenen Haus zu sein, sondern Sklave elektronischer Geräte. Und da es sich um eine gesellschaftlich akzeptierte Sucht handelt und alle sich so verhalten, erscheint der ständige Griff zum Smartphone normal.

Und doch entsteht bei aller Normalität auch immer wieder ein Unbehagen. Wenn Ihr Gegenüber eine Unterhaltung mehrmals abrupt unterbricht, weil eine Nachricht seine Aufmerksamkeit fesselt, fällt Ihnen das wahrscheinlich unangenehm auf. Oder Sie sind peinlich berührt, weil Ihre Aufmerksamkeit immer wieder abwandert zu elektronischen Geräten. Die Unterbrechungen in einem persönlichen Gespräch nehmen wir meist noch als störend wahr, die Einmischungen der digitalen Devices insgesamt in unser Leben erscheinen aber so normal, dass wir sie tolerieren. Es braucht geradezu heroische Kräfte, den digitalen Verführern zu widerstehen und konsequent Offlinezeiten einzurichten. In manchen Familien wird das Essen zur analogen Zone erklärt. Smartphones haben auf dem Esstisch nichts zu suchen. Auch immer mehr Unternehmen führen einen digitalen Knigge ein. Dazu gehört, dass in wichtigen Besprechungen Smartphones verboten sind. Wer klug ist, plant Offlinezeiten für konzentrierte Gespräche und produktives, unabgelenktes Arbeiten ein.

Vielleicht haben Sie sich schon einmal vorgenommen, nicht so oft auf Ihr Smartphone zu schauen und feste On- und Offlinezeiten zu planen, und festgestellt, wie schwierig das in der Praxis ist. Immer wieder juckt es Sie in den Fingern, das, was Sie gerade tun, zu unterbrechen und doch noch mal schnell die Mails zu checken oder einen Flug zu recherchieren. Willkommen im Club. Wenn wir keinen klugen Umgang mit den digitalen Geräten finden, werden wir mehr und mehr von der virtuellen Welt getrieben. Ein langes Gespräch, der lebhafte Austausch von Meinungen, kontroverse Gedanken erscheinen plötzlich nicht mehr attraktiv. So verringert sich nach und nach die geistige Flexibilität. Wer seine Zeit im Netz nicht begrenzt, nimmt sich die Chance, Langeweile zu empfinden und auszuhalten. Langeweile klingt zunächst wenig einladend, aber tatsächlich ist sie ein wunderbarer Nährboden für kreative Impulse.

Nur, wenn einmal nichts passiert und keine neue Information die Aufmerksamkeit fesselt, kann eine Lücke im Gedankenstrom entstehen. In diesem kleinen Moment können neue Ideen ins Bewusstsein gelangen. Es ist schade, wenn genau diese Momente dem elektronischen Ping zum Opfer fallen. Dieser zerreißt den kleinen Moment der Stille und schließt die Tür der Imagination. Wir sollten uns ernsthaft die Frage stellen, wie frei wir sind. Sind wir gerade online, weil wir es frei entschieden haben, oder müssen wir es sein, weil wir getrieben sind? Wenn wir die digitale Welt als zweite Heimat erleben, sollten wir uns damit beschäftigen, was uns an dieser Welt fesselt und wie wir sie in unserem Sinne beeinflussen können, wenn wir schon so viel Zeit in ihr verbringen.

Ist digitale Kommunikation anders?

Sich digital auszutauschen, führt zu einer Distanz zwischen den Gesprächspartnern. Dies lässt die direkte Nähe der üblichen Gesprächssituation vermissen, kann aber neue Möglichkeiten eröffnen, etwas über sich zu erfahren. Viel einfacher als im direkten Austausch ist es möglich, nicht sofort auf eine Botschaft zu antworten. Wahrscheinlich sind Sie wie die meisten Menschen häufiger online als nötig, aber genau das können Sie auch nutzen, um gerade nicht direkt auf eine Anfrage zu reagieren und das Innehalten zu kultivieren. Wenn Sie eine Mail oder eine Nachricht erhalten, die Sie emotional erschüttert, ist es weise, zunächst nichts zu tun. Mögen die inneren Gefühlswellen auch noch so hoch schlagen, möge eine Mail Ihnen auch noch so ungerechtfertigt erscheinen, so empfiehlt es sich doch innezuhalten, bevor Sie auf Senden drücken, und nachzudenken. Ist diese Nachricht wirklich relevant? Ist es zielführend für Ihre Abteilung, Ihr Unternehmen oder Ihre Familie, diese Nachricht zu verschicken?

Diese kurze Selbstreflexion kann uns davor bewahren, unmittelbar aus persönlicher Betroffenheit zu reagieren und vielleicht Schaden anzurichten. Gefühle, über die wir uns nicht klar sind, die wir nicht verstehen und einordnen können, sind in der Regel schlechte Ratgeber. Unachtsam laufen gelassen, verbinden sie sich mit negativen Gedanken zu einem undurchdringlichen Gebilde aus Wertungen und Vorurteilen, die unsere Handlungsfähigkeit einschränken.

Selbst heftigste Gefühle sind flüchtig, der Ärger ist oft rasch verraucht, eine geschriebene Nachricht lässt sich aber nicht mehr zurückholen. Versuchen Sie, Ihre inneren Reaktionen auf eine fiese Mail, eine unangenehme Sprachnachricht erst einmal nur zu beobachten. Spüren Sie Ihren Körper, nehmen Sie wahr, welche Gefühle sich melden. Körperliche Empfindungen sind gute Seismographen. Wir können sie nutzen, um herauszufinden, was hinter einer heftigen emotionalen Reaktion steckt. Gerade Messenger-Dienste, die auch eine Sprachnachricht übermitteln können, sind exzellente Übungsfelder für einen gelasseneren Umgang mit schwierigen Gefühlen. Sie können damit zeitversetzt kommunizieren, mit Worten Ihrem

Anliegen durchaus noch eine emotionale Färbung geben, aber aus einer Position der Stärke und Gelassenheit. Sprechen Sie kritische Sprachnachrichten zunächst als Entwurf. Das hat den Vorteil, dass Sie die Nachricht noch einmal anhören und kritisch überprüfen können. Kommt die Botschaft, die Sie vermitteln wollen, tatsächlich an? Oder haben Sie sich im Ton vergriffen? Können Sie noch etwas verändern?

Drücken Sie erst auf Senden, wenn Sie mit der Wirkung zufrieden sind. So entsteht durch die zeitlich versetzte Antwort eine kleine Lücke für alle Beteiligten. Ein Raum, in dem manches Argument seine Schärfe verlieren kann. Das wird nicht immer gelingen. Manchmal reagieren wir einfach automatisch aus unseren alten Mustern heraus, ohne einer anderen Sichtweise eine Chance zu geben. Doch das macht nichts. Entscheidend ist Ihre Bereitschaft, immer wieder zu üben und zu experimentieren.

Erich, ein alter Weggefährte, wollte mit ein paar Kollegen ein Seminar für Führungskräfte anbieten. Er schrieb ein Konzept, Texte für die Seminarhaus-Website und machte mit der Hausleitung Termine aus. Nach ein paar Tagen schaute er auf der Website nach, ob alles eingetragen war. Zu seinem Entsetzen standen seine Texte und alle Kollegen auf der Website, nur er selbst wurde nicht genannt. Weil er schon häufiger Probleme mit dem Webmaster gehabt hatte, griff er zornig zum Hörer. Er erreichte weder den Webmaster noch seine Kollegen. Aus Frust schrieb er eine wütende Mail. Er fühlte sich zurückgesetzt, einmal mehr nicht wertgeschätzt.

Was war geschehen? Der Webmaster hatte die Texte eingetragen, die Seminarleiter verlinkt und dann, mitten in der Tätigkeit, einen Migräneanfall erlitten. Statt die unfertige Website nicht zu veröffentlichen, hatte sie ein Kollege schnell noch online gestellt. Bei Lichte betrachtet war es also ein kleiner, unglücklicher Vorfall, der Erich in Rage versetzt hat. Kennen Sie heftige Reaktionen auf kleine Auslöser? Reagieren Sie manchmal unangemessen, weil eine unglücklich formulierte Mail, ein Übersehenwerden oder eine für Ihren Geschmack zu knappe Sprachnachricht einen empfindlichen Punkt bei Ihnen triggert?

Was können Sie im digitalen Spiegel erkennen, wenn Sie den Ablauf von Reiz und Reaktion noch einmal mit etwas Abstand betrachten? Ein Mail oder ein Chatverlauf lassen sich mühelos noch einmal lesen. Der Auslöser für Erichs Ausbruch war eine Kleinigkeit. Aber sie hatte langfristige Auswirkungen für die Zusammenarbeit. Wenn wir mit Menschen sprechen, die wir gut kennen, lassen wir uns eher zu Gefühlsreaktionen hinreißen als bei Fremden. Umso intensiver sollten wir unsere Reaktionen und Gefühle betrachten, bevor wir antworten. Wenn Sie in die Falle der automatischen Reaktionsweisen getappt sind, können Sie immer noch analysieren, wie es dazu kam. Was hat Sie dazu getrieben, sich so gekränkt zu fühlen oder so wütend zu werden oder beides? Die digitale Kommunikation bietet die Chance, die neuralgischen Punkte zu finden, die die Gefühlslawine ins Rollen gebracht haben. Wenn wir unsere inneren Muster und Verletzungen kennen, können wir üben, anders damit umzugehen.

Wenn Sie eine kleine Pause zulassen, können Sie noch einmal auf Ihr Smartphone, den Rechner, die Website blicken. Was sehen Sie, wenn Sie ein wenig zurücktreten? Betrachten Sie den Monitor, die Website, noch einmal. Sehen

Sie alles mit anderen Augen an. Wenn Sie genauer hinsehen, können Sie erkennen, dass der Ursprung immer im eigenen Handeln liegt. Zurück zu Erichs Beispiel. Er fühlte sich übergangen und hat emotional reagiert, ohne eine andere mögliche Ursache als die persönliche Ausgrenzung in Betracht zu ziehen. Doch manchmal liegen die Dinge anders als vermutet. Halten Sie inne, bevor Sie zurückfeuern. Ziehen Sie auch andere Erklärungsmuster in Betracht als die, die automatisch in Ihnen auftauchen. Wenn Sie Ihre Verhaltensmuster verändern, verändern Sie auch Ihre Umgebung.

Vom Sog der Online-Welt

Im Umgang mit digitalen Medien entwickelt sich bei vielen das Gefühl, immer erreichbar sein zu müssen. Dahinter steckt die Angst, sonst abgehängt zu werden oder etwas zu verpassen. Auf keinen Fall die neueste Folge einer Serie verpassen zu wollen. Vielleicht hilft uns ein Blick zurück, um uns etwas zu entspannen. Bis vor Kurzem war es nicht normal, dauernd erreichbar zu sein. Noch vor wenigen Jahren war es schlicht unmöglich, immer und überall erreichbar zu sein. Unsere Freunde konnten auch nicht sehen, ob wir ihre Briefe gelesen hatten. Das hat sich durch die Messenger-Dienste grundlegend verändert. Viele spüren einen Druck, gleich antworten zu müssen, weil das Gegenüber sehen kann, ob man gerade online ist.

Wenn Sie in sich den Satz vernehmen »Ich muss unbedingt sofort antworten«, können Sie sich vielleicht vor Augen führen, wie Menschen über Jahrtausende miteinander gelebt haben. Und sich einen kleinen Augenblick der Langsamkeit gönnen, der die Abhängigkeit von Likes und Klicks eindämmen kann.

Wenn wir uns keine digitalen Pausen gönnen, gehen wir schlechter mit uns selbst um, als Herrschaften früher mit ihren Dienstboten. Selbst Ankleidedamen, Hauswirtschafterinnen und Zimmermädchen, die in Filmen als immer verfügbare dienstbare Geister gezeigt werden, hatten freie Stunden oder Tage und mussten nicht immer verfügbar sein. Wir sollten uns nicht selbst unterjochen durch das Gefühl, immer online präsent sein zu müssen. Manche registrieren, dass sie unruhig werden, wenn sie ihr Smartphone vergessen haben, das WLAN ausfällt oder gerade keine Berieselung durch einen Film oder Radio möglich ist. Die Stille, die dann entsteht, kann beängstigend sein. Das zu bemerken ist schon der erste Schritt zu mehr Autonomie.

Drücken Sie die Stopp-Taste. Spüren Sie nach, was Sie empfinden, wenn der Fernseher nicht läuft, das Radio nicht spielt, der Computer ausgeschaltet ist und das Handy im Flugmodus. Vielleicht ist es anfangs nicht leicht, die Stille auszuhalten. Plötzlich treffen Sie auf sich selbst. Ohne äußere Reize. Ohne das angenehme Gefühl von Thrill und Belohnung, das eine neue Nachricht in Ihnen auslöst. Was spüren Sie im Körper, wenn es still ist und für einen Moment nichts passiert?

Die digitale Welt ist so attraktiv, weil jede neue Nachricht einen kleinen Endorphinschub auslöst, der süchtig macht nach mehr. Und sie ist faszinierend, weil sie unmittelbaren Einfluss und direkte Reaktionen verspricht. In der materiellen Welt braucht man, um etwas zu verändern, Geld, politischen Einfluss, Macht und vieles mehr. In der digitalen Welt gelten andere Gesetze. Auch ein bisher unbekannter Blogger kann einen großen Einfluss ausüben. Viele junge Instagram-Blogger können von ihrer Tätigkeit leben und beeinflussen ihre Follower. Für viele sind diese Menschen wie der Nachbar von nebenan. Sie versprechen einen Weg aus der Einsamkeit und liefern ein Surrogat für Nähe. So kann eine Instagram-Bloggerin, die Fröhlichkeit verbreitet, gefühlt zur besten Freundin werden. Mit jedem Like, mit jedem Abo werden die Influencer ins Licht der Aufmerksamkeit geschoben. Und mit ihrem medialen Glanz fällt auch ein wenig Licht auf jene, die ihnen folgen. Diese Form von Aufmerksamkeit und Ablenkung ist neu.

Die Möglichkeit, sich jederzeit ablenken zu können, ist verführerisch. Doch die Kehrseite: Wir sind zwar im medialen Austausch, aber nicht im Kontakt mit uns selbst, sondern im Außen. Wenn wir sehr viel Zeit im Netz verbringen, sind wir gewissermaßen außer uns und suchen Ablenkung, Trost und Aufmerksamkeit in Äußerlichkeiten. In Maßen ist das sicherlich kein Problem, doch das Maßhalten entpuppt sich als schwierig. Denn bei jedem Klick aktiviert das Gehirn freudig alle Regionen, die Wohlgefühl auslösen. Jede neue Nachricht löst einen kleinen, wenngleich kurzen Glücksschub aus. Wir geraten in einen Kreislauf, in dem wir immer häufiger eine Bestätigung brauchen und uns immer schlechter konzentrieren können.

Wenn Sie bemerken, dass Sie aus Langeweile oder um sich vor schwierigen Gefühlen zu schützen in eine Traumwelt fliehen, halten Sie inne. Nehmen Sie wahr, wie es Ihnen gerade geht und was Sie jetzt in diesem Moment brauchen.

Innehalten, die Online-Sucht eindämmen

Wenn eine Situation Ihnen schwierig erscheint, wenn Sie sich getrieben fühlen, schauen Sie von Ihrem elektronischen Tool auf und legen es für einen Moment weg.

Übung 2

STOPP – In Kontakt mit mir

Nehmen Sie bewusst ein paar tiefe Atemzüge. Wenn es möglich ist, schließen Sie die Augen.
Nehmen Sie Ihren Atem wahr.
Wenn Sie sich wirklich auf Ihren Atem konzentrieren, taucht kurzzeitig kein Gedanke auf.
Beobachten Sie, wie der Atem Sie ständig begleitet, ohne dass Sie einen Gedanken daran verschwenden müssen. Atmen geschieht. Nehmen Sie ein paar Minuten nur den Atem wahr, ganz fokussiert. Lassen Sie sich vom Atem in die Stille führen. Ein Augenblick der Stille im unendlichen Meer aus Gedanken und Gefühlen.
Wenn Gedanken sich in den Vordergrund drängen, wenden Sie sich wieder dem Atem zu. Kehren Sie immer wieder zum Atem zurück. Beenden Sie die Übung nach 5–10 Minuten. Öffnen Sie die Augen sanft und betrachten Sie neugierig die Welt um Sie herum.

Diesen Moment des Innehaltens können Sie nutzen, um Ihre Bedürfnisse besser zu verstehen. Diese Übung ist einfach und großartig, weil Sie vollkommen im gegenwärtigen Augenblick ankommen. Für eine Weile müssen Sie nichts planen und auf nichts achten. Denn glücklicherweise können Sie sich vollkommen darauf verlassen, dass der nächste Atemzug ganz von selbst geschehen wird. Was für ein kostbarer Moment der Freiheit. Käme der Atem nicht von selbst, müssten wir permanent daran denken. Es wäre unmöglich, auch nur kurz zu überleben, wenn wir uns ständig daran erinnern müssten zu atmen. Wir können uns dankbar in den immerwährenden Strom der Atmung fallen lassen und immer wieder aus dem rasenden Karussell von Gedanken und Gefühlen aussteigen. So gewinnen wir Abstand zum digitalen Dauerfeuer.

Nachrichten lösen Gefühle aus, Gefühle lösen Gedanken aus, diese wiederum lassen Gefühle entstehen. Achten Sie einen Moment lang nur auf den Atem, bis das Karussell sich langsamer dreht. Diese Übung klingt simpel, ist aber nicht einfach. Die Herausforderung besteht darin, wirklich beim Atem zu bleiben und sich nicht in Geschichten zu verstricken, die der Kopf ständig erzählen möchte. Und es geht darum, dem Drang aufzuspringen und etwas zu tun zu widerstehen. Wenn unangenehme Gefühle auftauchen, wollen wir am liebsten rasch fliehen vor uns selbst. Die digitale Welt bietet sich als Fluchtweg an, der 24 Stunden verfügbar ist. Schnell noch eine Nachricht checken, einen Flug buchen. Und schon haben wir den Kontakt zu uns selbst wieder verloren. Den Fluchtimpuls zu bemerken und wieder zum Atem zurückzukehren ist die eigentliche Übung. Die gute Nachricht ist: Wenn Sie das immer wieder üben, verändern sich allmählich die Leitungsbahnen im Gehirn. Sie verstricken sich nicht mehr so leicht in Geschichten. Das Stresslevel sinkt, Sie erkennen leichter die tieferen Ursachen und Auswirkungen Ihres Handelns.

Die kleine Übung der Atembetrachtung hilft, den Trigger für unsere Gefühlsreaktion zu identifizieren. Wenn es gelingt, Nachrichten oder Mailwechsel mit innerem Abstand zu betrachten, wird plötzlich deutlich, wo die Kommunikation aus dem Ruder gelaufen ist. Genau an dieser Stelle liegt unsere emotionale Bruchstelle oder die unseres Gegenübers. Wir halten einen kleinen Spiegel in der Hand, der einen unverstellten Einblick in unsere innere Struktur erlaubt. Ein solcher Blick in den Spiegel mag nicht angenehm sein, aber es ist niemand da, der Ihr Verhalten in diesem Augenblick betrachtet. Nur Sie treffen unbeobachtet auf sich selbst und haben die Chance, etwas über sich zu lernen. So entsteht eine kleine Lücke, eine kleine Pause, in der Sie sich orientieren können. Was ist gerade passiert? Welcher Satz hat Wut in Ihnen ausgelöst? Was hat Sie so getroffen? Wenn diese kleine Pause zu einer Beruhigung geführt hat, ist es möglich, innerlich sortiert weiterzuarbeiten.

Diese kleine Übung können Sie überall in jeder schwierigen Situation machen. Es ist eine wunderbare Grundübung. Sie müssen keineswegs immer gleich antworten und reagieren. Wenn Sie sich nur drei Atemzüge Zeit lassen, ist die größte Aufregung verraucht. Sie gewinnen einen inneren Raum, um die Situation besser einschätzen zu können. Diese kleine Phase der Selbstberuhigung ist im analogen Gespräch genauso wichtig wie in Chats und Social Media. In der Lücke zwischen den Gedanken entstehen eine innere Distanz und Raum für kreative Ideen.

Anzuhalten ist ein erster und wichtiger Schritt für einen heilsamen Umgang mit digitalen Medien. Wir können auch ein regelmäßig wiederkehrendes akustisches Signal als Stoppzeichen nutzen und den Computer oder das Smartphone so programmieren, dass alle 45 Minuten ein kurzer Gong ertönt. Er erinnert uns daran, uns für einen Moment ganz bewusst in der Gegenwart zu verankern. Statt gleich zu antworten, erlauben Sie sich, einen Moment innezuhalten. STOPP. Trotz der Schnelllebigkeit entscheiden immer noch Sie, was Sie als Nächstes tun werden, ob Sie überhaupt etwas tun. Eine verlorene Snapchat-Nachricht ist kein Weltuntergang.

Vielleicht fragen Sie sich an dieser Stelle, warum Sie überhaupt regelmäßig aus der digitalen Schleife aussteigen sollten. Wenn wir dem digitalen Sog erliegen, ohne ihm etwas entgegenzusetzen, werden wir mehr und mehr in unseren Gefühlen und Entscheidungen fremdgesteuert. Wir sind freier, wenn wir uns Phasen der Stille gönnen, unbeeinflusst von Impulsen, Vorgaben und Geschichten, die andere geschaffen haben. Das Gute ist: Sie können die virtuelle Welt jederzeit betreten und auch wieder verlassen. Und Sie können sich im digitalen Spiegel erkennen. Ihre Suchverläufe sind Ausdruck Ihrer Sehnsucht. Wenn Sie diesen Spiegel intelligent nutzen, unterstützt er Ihre Selbsterkenntnis und Weiterentwicklung. Dieses Buch möchte einen Weg öffnen, wie Sie schrittweise freier und unabhängiger werden.

Wir können unsere Gefühle nutzen, um uns selbst auf die Spur zu kommen und freier zu werden. Seien Sie neugierig, welche Gefühle durch Nachrichten und Filme in Ihnen ausgelöst werden und mit welchen Gefühlen Sie am liebsten gar nicht in Kontakt sein möchten. In welchen Stimmungslagen sind Sie besonders verführbar, sich im Netz zu verlieren? Gefühle der Einsamkeit, der Niedergeschlagenheit oder große Nervosität werden am häufigsten genannt. Wenn Sie sich diese Frage immer wieder einmal stellen, eröffnet dies Ihnen die Chance, für einen winzigen Moment aus den kontinuierlichen Gedankenströmen auszusteigen.

Nehmen Sie sich einen Augenblick Zeit, Ihre Gedanken zu beobachten. Nehmen Sie wahr, wie ein neuer Gedanke entsteht und den nächsten hervorruft. Beobachten Sie den unablässigen Strom wie eine Zuschauerin im Kinosessel. Sie werden vermutlich die Erfahrung machen, dass ein Gedanke den nächsten jagt, ohne Pause und ohne Ihr bewusstes Zutun. Die meiste Zeit bewegen Sie sich in einem gespenstischen Auto-Pilot-Modus, in dem Sie keinerlei Einfluss auf Ihre Gedanken haben.

Um freier denken und handeln zu können, brauchen wir einen inneren Raum, einen Augenblick der Stille zwischen den Gedanken und dem nächsten Klick. Einer der Gründe, warum wir so gerne online sind, ist vermutlich, dass uns die digitale Welt einen Ausweg verspricht aus dem Gedanken- und Grübelkarussell, in dem wir manchmal gefangen sind. Wenn wir gefesselt sind von dem, was auf dem Screen passiert, sind wir für einen Moment befreit von nervenden Gedanken und belastenden Gefühlen. Für einen Augenblick scheint es möglich, die Gedanken zu betäuben. Halten Sie vor dem nächsten Klick kurz inne. Fragen Sie sich, ob Sie das nächste Katzenvideo, die Schminktipps oder den Porno wirklich sehen wollen. Sagen Sie innerlich Stopp. Gönnen Sie sich einen Moment der Freiheit.

Unser Spiegelbild, Fährtenlesen im Netz

Dass es den meisten schwerfällt, klug und dosiert mit den digitalen Verführungen umzugehen, ist nicht zwangsläufig ein Zeichen persönlicher Schwäche. Wir sind für die vielen neuen Möglichkeiten biologisch schlecht gerüstet. Weil unser Gehirn alle Register zieht und Lust und Suchtzentren bei der Nutzung von digitalen Tools aktiviert, ist es nicht so leicht, standhaft zu bleiben. Und doch haben wir die Wahl. Wir können uns dem Sog widerstandslos überlassen oder darin eine Chance erkennen. Wenn wir unsere digitalen Spuren wie ein Fährtenleser nutzen und die Auswirkungen betrachten, können wir zu neuen Einsichten über uns selbst kommen. Wenn radikale Meinungen auf den obersten Listenplätzen der Suchmaschinen landen, sagt das einiges über die verwendeten Algorithmen der Suchmaschinen aus. Gleichzeitig ist dies auch ein warnender Fingerzeig in unsere Richtung. Der Algorithmus zeigt uns, für wessen Geistes Kind er uns hält. Wo stehen wir innerlich wirklich? Wenn die Algorithmen der Suchmaschinen mit unethischen Absichten programmiert wurden, sollte alles unternommen werden, um dies publik zu machen.

Wenn wir uns unvermittelt mit unseren eigenen Vorurteilen und Wertungen konfrontiert sehen, ist das eine gute Gelegenheit, unseren Standpunkt zu überdenken und einen Perspektivenwechsel vorzunehmen. Noch nie waren die Möglichkeiten, mit dem eigenen Handeln etwas zu bewirken, so groß. Sie entscheiden, was Sie tun oder lassen. Die Entscheidungsfreiheit im Netz ist weitaus höher als am Arbeitsplatz. Ob Sie sich von Google bevormunden lassen oder die Suchmaschine nutzen, um sich zu verändern, liegt, im Wortsinn, in Ihrer Hand. Sie müssen keineswegs der Hitliste einer Suchmaschine folgen. Eine Veränderung Ihrer Suchanfrage kann Erstaunliches zutage fördern.

Der Umgang mit digitalen Medien, sozialen Netzwerken, Spielen und Animationen öffnet eine Türe in eine andere Welt. Eine virtuelle Welt, geschaffen von Menschen, manchmal von Algorithmen. Mit eigenen Gesetzmäßigkeiten, Verhaltensmustern, einer globalen Vernetzung und völlig neuen Möglichkeiten, Einfluss zu nehmen. Diese Welt kann einfach eine Spiegelung unserer Welt sein oder kann etwas völlig anderes werden. Sie entscheiden, welche Medien Sie nutzen, welche Meinungen Sie vertreten, was Sie kaufen. Damit verändern Sie kontinuierlich sowohl die virtuelle Welt als auch die reale, materielle Welt.

In den heutigen vernetzten digitalen Zeiten ist das Geflecht von Ursache und Wirkungen wesentlich komplexer geworden. Wir unterhalten uns nicht mehr direkt mit einem Gegenüber, sondern hinterlassen Nachrichten. Wir stellen Bilder ins Netz, ohne zu wissen, wer sie ansehen wird. Ein Kommentar, den wir schreiben, kann ignoriert oder immer weiter verteilt werden, ohne unseren Einfluss. Ein Blogeintrag oder eine Twitternachricht, die wir verfassen, kann Begeisterung oder einen Shitstorm auslösen. Deshalb sollten wir kritischen Geist und Achtsamkeit walten lassen, wenn wir im Netz unterwegs sind. Immer wieder eine Pause im hektischen Wahnsinn der permanenten Online-Präsenz einlegen und die Übung 2 »Stopp – In Kontakt mit mir« praktizieren.

Dass Chats, SMS und Social Media Statements Botschaften transportieren, die weit über den geschriebenen Text hinausreichen, dürfte inzwischen klar geworden sein. Welche Metaebenen wirken, hängt von zahlreichen Faktoren ab. Ein entscheidender Faktor ist die innere Grundhaltung, mit der wir unsere Texte schreiben. Wenn wir nicht authentisch sind, nicht mit uns im Einklang, bewirken unsere Worte nicht viel. Sind wir authentisch und innerlich klar, ist die Chance, bei anderen einen Nerv zu treffen, wesentlich höher. Die Reichweite vergrößert sich. So entsteht Charisma im Netz.

Geradezu offensichtlich wird die Metaebene, wenn wir Videos posten. Entscheidend sind Körperhaltung, Stimme und Persönlichkeit. Wir können Videos professionell gestalten und eine Einstellung so lange wiederholen, bis Inhalt und Metaebene übereinstimmen und wir genau die Botschaft transportieren, die wir uns vorstellen. Wenn wir eine gewisse Anzahl an Followern haben, wird unser Einfluss größer und damit auch unsere Verantwortung. Doch auch als Konsument tragen Sie Verantwortung. Mit Ihrer Entscheidung, wem Sie in Social Media folgen, beeinflussen Sie das Netz. Mit jedem Klick, mit jedem Like werden Sie von den allgegenwärtigen Algorithmen klassifiziert. Ihre Vorlieben werden gespeichert. Nach einiger Zeit werden Ihnen nur noch Dinge angeboten, die Ihren wahren oder vermeintlichen Vorlieben entsprechen.

Die Algorithmen, die uns folgen, unser Verhalten analysieren und uns durchs Netz manövrieren, lernen mit. Unsere Wahlmöglichkeiten werden eingeschränkt. Unser Blickfeld verengt sich, bis wir uns nur noch in einem geschlossenen Käfig bewegen. Nur wenn wir offen und neugierig betrachten, was uns angeboten wird, fällt uns auf, wie wir manipuliert werden. Doch oft tragen wir die Brille unserer persönlichen Vorlieben, was menschlich ist. Wir möchten uns wohlfühlen, mit Menschen zusammen sein, die uns ähnlich sind, mit denen der Austausch einfach und nicht anstrengend ist.

Wir sollten uns nur im Klaren darüber sein, dass wir damit keineswegs immer vernünftig handeln. Neugierig klicken wir auf Vorschläge der Algorithmen, folgen Klatsch und Tratsch und entfernen uns immer mehr von dem, was wir wirklich sind, und werden fremdbestimmt. Das ist die problematische Seite. Dass Algorithmen auch die Metaebene der Kommunikation miterfassen, kann auch hilfreich sein. Wenn wir depressiv sind, erkennt dies ein Algorithmus möglicherweise früher als mancher Arzt. Sinnvoll eingesetzt, können Algorithmen uns also durchaus viel Leid ersparen. Beunruhigend ist, dass vollkommen unklar bleibt, wer diese Information erhält.

Wenn gut programmierte Algorithmen sich in den Metaebenen der menschlichen Kommunikation bewegen, zeigen sie uns auch, wie manipulierbar und verletzlich wir sind. Sie bieten uns Nachrichten an, die zu unserer inneren Haltung just in diesem Moment passen. Wir reagieren auf die Metaebene stärker als auf das geschriebene oder gesprochene Wort. Ein gutes Gefühl kann sich verstärken, aber auch eine unglückliche Stimmung, die ohne digitalen Einfluss vielleicht rasch verflogen wäre, kann sich intensivieren und verfestigen.

Deshalb ist es wichtig, dass wir uns mit Bedacht im Netz bewegen. Gehen Sie bewusst offline, wenn Sie emotional aufgewühlt sind. Und wenn Sie wieder online sind, betrachten Sie kritisch, was Ihnen angeboten wird. Wählen Sie die Menschen, denen Sie folgen, mit Bedacht aus. Teilen Sie nur Nachrichten, die Sie sinnvoll finden oder die Sie berühren. Damit beeinflussen Sie langfristig die Inhalte, die Ihnen und anderen angeboten werden.

Der Kern

Die Fußspuren, die Sie im Netz hinterlassen, sind ein digitaler Spiegel, in den Sie blicken können.

Die Spuren, die Sie im Netz hinterlassen, können unvorhersehbare Auswirkungen haben.

Reflektieren Sie kritisch, wo Sie gerade digital unterwegs sind.

Sagen Sie immer wieder Stopp. Halten Sie inne. Begegnen Sie sich selbst.

KAPITEL 2

Aus Wut wird Mitgefühl

Ein flammendes Schwert
Das Drachenherz gebrochen
Goldenes Blatt schwebt

Es ist heute für viele normal, von früh bis spät von elektronischen Geräten begleitet zu werden. Wenn das Smartphone auch gleichzeitig der Wecker ist, endet die Nacht mit einem »Pling«, magisch werden die Augen vom Display angezogen. Der Reiz eines digitalen Begleiters ist für viele unwiderstehlich. Auch für Sie? Diese Art, den Tag zu beginnen, hat Konsequenzen. Unser Großhirn, unser Denken, unsere Gefühle werden schon angesprochen, bevor wir überhaupt richtig aufgewacht sind. Die wunderbare Chance, den neuen Morgen unbelastet von äußeren Einflüssen zu begrüßen und nach der Nacht gewissermaßen neugeboren zu werden, ist vertan. Die frische Unbestimmtheit eines Morgens kann sich nicht entfalten. Im Moment des Aufwachens sind wir häufig verletzlicher, offener als zu anderen Tageszeiten. Es wäre eigentlich der ideale Zeitpunkt, eine kleine innere Pause einzulegen und uns auf den Tag einzustimmen. Denn jeder Tag hat eine eigene Qualität. Den Körper spüren, Gefühle und Gedanken loslassen, uns fokussieren. Kontakt aufnehmen mit uns selbst, die Qualität des neuen Tages erspüren, erkennen, was heute wesentlich und wichtig ist.

Stattdessen lassen wir uns von den digitalen Verführern in alle Richtungen ziehen und verlieren darüber Fokus und Klarheit. Weil wir uns frühmorgens besonders verletzlich fühlen, sind wir anfällig für Irritationen. Wenn wir den frühen Morgen damit beginnen, Mails und Nachrichten zu lesen, bevor wir uns innerlich auf den Tag ausgerichtet haben, können uns schwierige, aggressive und verletzende Mitteilungen viel stärker treffen. Wir sind anfälliger für Gefühle der Wut, archaische Erinnerungen können auftauchen, die uns in eine Verteidigungsposition zwingen und uns innerlich das Schwert ziehen lassen. Weil wir noch nicht gerüstet sind und schwierige Nachrichten wie eine innere Grenzverletzung empfinden und ihnen ungeschützt begegnen. Wir sollten uns klarmachen, dass kein Angreifer vor der Tür unseres Schlafzimmers lauert, sondern dass es sich um Botschaften handelt, die durch den virtuellen Äther gereist sind.

Gönnen Sie sich morgens eine Zeit der Stille, bevor Sie sich den Unwägbarkeiten von Mails, Pressefeeds und Twitter aussetzen. Richten Sie sich einen Meditationsplatz ein. Genießen Sie die Frische und Stille des frühen Morgens. Danach sind Sie zentriert und können manchen Herausforderungen gelassener begegnen, auch Gefühlen von Ärger und Wut, die im Laufe des Tages vielleicht auftauchen.

Ärger und Wut sind heftige Gefühle, die sehr unangenehm werden können. Nicht nur im Buddhismus, auch in anderen Religionen werden Gier, Hass und Verblendung als schwierige Grundgefühle bezeichnet, aus denen sich weitere schwierige Emotionen entwickeln. Wut und Ärger sind die kleinen Geschwister des Hasses. Gier, Neid und Wut sind eng miteinander verknüpft. Hochmut, Arroganz und mangelnde Selbstreflexion können zur Verblendung gezählt werden. Alle diese Gefühle sind menschlich, fast niemand ist wirklich frei von ihnen. Im Buddhismus werden alle schwierigen Gefühle als Leiterstufen eines Entwicklungsprozesses betrachtet. Wir können sie in heilsame Gefühle wie Mitgefühl, Großzügigkeit, Gelassenheit und Güte verwandeln.

Dabei geht es nicht darum, schwierige Gefühle abzuschneiden und so schnell wie möglich loszuwerden. Das wäre uns oft am liebsten. Doch alles, was wir wegschieben und loswerden möchten, wird umso stärker. Die Grundidee des Buddhismus ist, dass jedem schwierigen Gefühl eine Kraft innewohnt, die wir so transformieren können, dass wir diese Kraft nutzen können zu unserem eigenen Wohl und dem der anderen. Auf diesem Übungsweg verlieren die heftigen Gefühle allmählich ihre Schärfe. Über die Jahrtausende wurden viele Techniken und Werkzeuge entwickelt, einen heilsamen Umgang mit schwierigen Gefühlen zu üben. Manche sind für den Einsatz in unserer modernen, digitalen Welt ausgezeichnet geeignet.

Bevor wir den Umgang mit schwierigen Gefühlen in einer digitalisierten Welt erkunden, lohnt sich ein Blick auf die Herausforderungen unseres Alltags. Was sind Situationen, die uns wütend machen, ärgern und auf die Palme bringen? Meist sind es Menschen, die uns nahestehen, die Wut und Ärger in uns auslösen. Wir fühlen uns ungerecht behandelt, zurückgesetzt, unsere Interessen wurden nicht ausreichend berücksichtigt. Der Partner hat einen wichtigen Termin vergessen. Unsere Kinder haben mal wieder ihr Zimmer verwüstet. Die Kollegin hat sich nicht an eine Absprache gehalten. Wenn wir wütend werden, können wir nicht mehr klar denken. Wie verhalten Sie sich, wenn Sie wütend sind? Was ist Ihr Muster? Schlucken Sie die Wut hinunter? Lassen Sie sie gleich raus? Gehen Sie zum Gegenangriff über? Nehmen Sie sich einen Moment Zeit zu erkunden, wie Sie mit dem Gefühl von Wut umgehen.

Menschen reagieren auf verschiedene Situationen vollkommen unterschiedlich. Der eine wird wütend auf den Mann, der ihm den Parkplatz vor der Nase weggeschnappt hat, und würde am liebsten handgreiflich werden. Ein anderer bleibt vollkommen gelassen und sucht nach einer anderen Parklücke. Ob wir auf eine Situation wütend reagieren, hängt von unseren Erfahrungen ab, aber auch von unserer Grundeinstellung zu Wut. Wenn wir davon überzeugt sind, dass Wut uns zusteht, kultivieren wir vielleicht sogar unbewusst wütende Impulse in uns. Bei Wut wird Adrenalin ausgeschüttet, dieser Kick kann durchaus anregend sein. Der Blutdruck steigt, die Trägheit schwindet. Wenn wir uns in Wut hineinsteigern, sie vielleicht sogar genießen, weil sie sich lebendig anfühlt, blenden wir den Schaden, den wir damit anrichten können, gerne aus. Verlieren wir die Kontrolle und lassen unserer Wut freien Lauf, riskieren wir, dass Menschen uns meiden oder wir nicht mehr ernst genommen werden. In einer digital vernetzten Welt kommen Reize, die eine wütende Reaktion auslösen, oft unvermittelt bei uns an. Umso wichtiger ist es, dass wir genau hinschauen und nicht zu schnell reagieren.

Kennen Sie Kollegen, die jeden Mailverkehr mit der Geschäftsführung oder Kollegen an einen möglichst großen Verteiler schicken? Meist zeugen diese Mails von einer tiefen persönlichen Verletztheit. Selbst wenn jemandem wirklich Unrecht getan wurde, rechtfertigt das nicht, einen großen Kreis an Unbeteiligten mit in die Auseinandersetzung zu ziehen. Wenn Sie eine solche Mail erhalten, sind oft schon viele Kollegen mit in den virtuellen Ring gestiegen. Dadurch verhärten sich in der Regel die Fronten. Wenn Sie mit einer Mail konfrontiert werden, auf die Sie spontan mit Wut reagieren, sollten Sie Vorsicht walten lassen. Je lauter Ihre innere Stimme »wie ungerecht« ruft und nach Vergeltung verlangt, desto leiser sollten Sie sein.

Denn wie wir emotional reagieren, sagt sehr viel über unsere persönlichen Empfindsamkeiten aus, aber nur wenig über den tatsächlichen Sachverhalt. Im inneren Aufruhr erst mal tief durchzuatmen und nichts zu tun, ist keine leichte Übung. Die Stimme der Wut wäre so leicht zu beruhigen. Schnell eine harsche Replik schreiben, auf »senden« drücken und das Gefühl der Genugtuung genießen. Diese Reaktion ist extrem verführerisch, aber selten ratsam. Eine einmal abgeschickte Nachricht können Sie nicht mehr zurücknehmen, sie beginnt ihr Eigenleben im Netz. Besser ist es, erst einmal nichts zu tun. Nutzen Sie die kurze Pause, um sich darüber klar zu werden, was gerade geschehen ist. Wenn Ihre Finger schon eine Nachricht getippt haben, speichern Sie sie zunächst im Ordner Entwürfe. Mit etwas zeitlichem Abstand können Sie prüfen, ob es nötig und sinnvoll ist, sie tatsächlich abzuschicken.

Wenn Sie wütend sind und aggressive Kommentare und Gefühle in Ihnen auftauchen, beenden Sie für einen Moment Ihre Tätigkeit. Geht es im Gespräch hoch her, beenden Sie das Gespräch und schlagen Sie vor, ein anderes Mal in Ruhe weiterzureden. Wenn Sie keinen eleganten Punkt finden, um aus einem Gespräch auszusteigen, können Sie die Schwankungen im deutschen Telefonnetz als exzellente und neutrale Möglichkeit nutzen.

Übung 3

Wut spüren

Setzen Sie sich aufrecht hin. Nehmen Sie wahr, dass Sie wütend sind, und akzeptieren Sie, dass das jetzt so ist.

Nehmen Sie Ihren Körper wahr. Wo genau im Körper können Sie die Wut spüren? Welche Körperempfindungen tauchen auf? Was ist da zu fühlen? Energie? Vibrierende Kraft? Ein rasendes Herz? Hitze? Kälte? Nehmen Sie alle Körperempfindungen, die auftauchen, einfach wahr, ohne sie zu bewerten oder zu analysieren. Bleiben Sie so lange sitzen, bis die Gedanken und die Körperempfindungen langsam nachlassen.
Nehmen Sie wahr, was übrig bleibt. Bleiben Sie mit dieser Wahrnehmung ein paar Minuten sitzen.
Lassen Sie die Gedanken, die auftauchen, los. Nehmen Sie die Gefühle, die auftauchen, liebevoll wahr und lassen Sie sie weiterziehen. Nur spüren, nichts kommentieren, einfach nur warten, bis sich die Wucht des Gefühlssturms langsam legt.

Nach und nach werden die Gedanken langsamer, die reine Energie, die in der Wut steckt, wird fühlbar. Vielleicht erkennen Sie, dass Wut im Bauch stimulierend wirkt und dadurch Kraft entsteht. Doch hier ist Vorsicht geboten. Diese Erfahrung könnte Sie dazu verleiten, die Kraft, die aus der Wut entsteht, als Motor für Ihren beruflichen Erfolg zu betrachten. Doch an diesem Punkt ist die Wut noch nicht Ihre Verbündete. Sie sind noch nicht Herr oder Herrin im eigenen Haus, sondern Spielball unbewusster Mächte. Je besser Sie Ihre Triggerpunkte erkennen, desto weniger sind Sie manipulierbar durch festgefügte Reaktionsbahnen.

Gefühlsmanipulation und Medien

Dass unsere Gefühle und Verhaltensweisen durch Medien manipulierbar sind, erkannten schon die Machthaber zu Beginn des letzten Jahrhunderts. Die ersten Versuche im Nationalsozialismus, Menschen durch Bilder und Filme zu beeinflussen, waren außerordentlich erfolgreich. Heute sind Medien omnipräsent. Durch Videos, Filme, Fernsehen, Radio und Internet sind wir einem Strom von Bildern und Tönen ausgesetzt oder setzen uns ihm freiwillig aus. Nachrichten und Belangloses werden in magischen Bildern präsentiert. Sie ziehen uns fast hypnotisch in ihren Bann und sinken in tiefe Schichten unseres Bewusstseins hinein. Nachrichten überfluten unseren Verstand, emotional aufgeladene Bilder, Musik und Worte mogeln sich am Verstand vorbei und dringen direkt in die Gefühlsebene vor. Der archaische Teil unseres Gehirns reagiert unmittelbar und löst zunächst ohne Kontrolle durch das modernere Frontalhirn körperliche Reaktionen aus.

Wir fühlen uns unwohl, gereizt, der Blutdruck steigt. Oder wir empfinden Glücksgefühle, sind inspiriert, innerlich berührt. Werden unsere Gefühle immer wieder aufgerüttelt, kann das Stress auslösen oder das Verlangen nach mehr. Archaische Reaktionen lösen epigenomisch fixierte Verhaltensmuster aus. Wenn ein medialer Reiz Sie wütend macht, reagiert Ihr Körper, obwohl keine lebende Person vor Ihnen steht. Sie werden Opfer Ihrer archaischen biologischen Reaktionen. Nur Sie selbst sind wütend, Ihr Gegenüber ist virtuell. Ein Video hat keine Gefühle, aber es kann in uns Wut auslösen. Wut und Ärger entstehen in uns selbst. Für diese tief greifende Erkenntnis brauchten Weise in früheren Jahrhunderten lange Zeiten der Kontemplation. Entscheidend ist nicht, was im Außen passiert, sondern was in uns geschieht. Durch die Konfrontation mit Inhalten aus dem Netz wird uns das unmittelbar deutlich.

Das Bedürfnis nach anrührenden oder aufrüttelnden Geschichten ist vermutlich uralt. Neu ist, dass dieses Bedürfnis im Zeitalter der Digitalisierung permanent gestillt werden kann. Ist es eine voyeuristische Neugier, die uns antreibt, ständig Nachrichten zu checken? Wollen wir mit dem Anklicken von aufrüttelnden Videos eine innere Leere übertünchen? Was auch immer unser Antrieb ist, wir fliehen vor uns selbst in eine virtuelle Welt, unsere eigenen Empfindungen werden überschrieben. Wir können uns überlegen fühlen, einen Schauder spüren, mit der Wut mitschwingen oder uns zu Tränen rühren lassen.

Früher waren es Moritatensänger, die schauderhafte Geschichten erzählten und im Publikum heftige Gefühle auslösten. Nebenbei vermittelten sie auch eine moralische Botschaft. Die heutigen Moritatensänger absolvieren 24-Stunden-Auftritte, sieben Tage die Woche. Heute können wir uns ständig einem Strom an Katastrophennachrichten aussetzen. Die Livebilder von Katastrophen können uns allerdings wesentlich stärker treffen als die Geschichten der Moritatensänger. Durch die reißerische Berichterstattung werden starke Gefühle der Betroffenheit, der Trauer und des Schocks ausgelöst, die Zuschauer auch traumatisieren können.

Wenn Sie spüren, dass Bilder einer Katastrophe eigene Erfahrungen von Ohnmacht und Gewalt in Ihnen triggern, sollten Sie von solchen Berichten Abstand nehmen. Gleichzeitig bietet diese Erfahrung auch die Chance zu erkennen, dass Sie an einem bestimmten Punkt verletzbar sind. Sie können sich dem Gefühl der Ohnmacht oder Trauer vorsichtig annähern, daran arbeiten und daran wachsen. Wir sind besonders betroffen, wenn wie bei terroristischen Attentaten oder Amokläufen Unbeteiligte getötet werden. Wenn wir realisieren, dass es genauso gut unsere Kinder, Partner, Freunde oder uns selbst treffen könnte.

Die Täter sind von grenzenloser Wut getrieben. Diese Wut wiederum richtet sich bei den Beobachtern der Tat auch gegen den Täter. Eine interessante Spiegelung. Wir sind wütend, dass ein Amoklauf passieren konnte. Wir sind fassungslos über das Versagen der Kontrollmechanismen, zutiefst erschüttert, dass ein Mensch zu einer solchen Handlung fähig ist. Diese Gefühle, die durch die Berichterstattung in uns ausgelöst werden, können wir als Möglichkeit zur Transformation nutzen. Hierfür spielt es keine Rolle, ob die Gefühle durch ein Video ausgelöst wurden.

Wenn ein Video in Ihnen Wut auslöst, nehmen Sie sich einen Moment Zeit für die Übung »Wut spüren«. Wenn Sie immer wieder üben, die Wut für einen Moment zu akzeptieren, körperlich zu fühlen und wie in einem inneren Spiegel zu betrachten, wird sich die Wut mit der Zeit verändern. Sie werden die Erfahrung machen, dass Ihnen diese Übung auch hilft in stressigen Situationen im Job, wenn Sie sich über einen Kollegen ärgern. Wenn Sie sich den Raum geben, Ärger und Wut zu spüren und zu erkunden, fügen Sie niemandem Schaden zu. Im Gegenteil. Wut, die gefühlt werden und da sein darf, verraucht über kurz oder lang wieder. Für unser inneres Erleben spielt es keine Rolle, ob der Auslöser ein Ereignis in einem fernen Land ist oder ein Gespräch in der Teeküche. Sobald unsere

Emotionen anspringen, sind wir dafür verantwortlich, wie wir damit umgehen. Wir können also unsere Gefühle und unser Verhalten betrachten und eine neue Facette in uns entdecken. Vielleicht war uns vorher gar nicht bewusst, wie wütend wir sein können.

Alle Urteile und Gefühle, die nun in Ihnen auftauchen, sind Ihre eigenen. Sie entscheiden, wie Sie damit umgehen, nicht andere. Üblicherweise sind wir rasch bereit, die Ursachen für unsere Gefühle in der äußeren Umgebung zu suchen. Insbesondere, wenn wir uns ungerecht behandelt, nicht wertgeschätzt oder übervorteilt fühlen. Dann empfinden wir es möglicherweise als folgerichtig, die vermeintlichen Verursacher zu vernichten, Rache zu üben für die empfundene Ungerechtigkeit. Hier sollten wir innehalten, stoppen und die auftauchenden Gefühle genau betrachten. Eben noch haben wir uns moralisch einem Attentäter überlegen gefühlt. Jetzt, nach dem Lesen der Mail eines Kollegen, begegnen wir unserem eigenen inneren Tiger.

Wenn wir diese Gefühle zulassen und näher betrachten, werden wir rasch feststellen, wie dünn der Firnis der sozialen und moralischen Konventionen ist. Wie leicht sind auch wir verführbar und landen in archaischen Verhaltensmustern. Es kann ganz schnell gehen. Wut und Hass waren und sind der Treibstoff der katastrophalen Auseinandersetzungen. Wenn wir wütend sind, verlieren wir jeden Maßstab. Wie die Völkermorde in Serbien und Ruanda gezeigt haben, sind Menschen sogar bereit, im Gefühlsrausch ihre Nachbarn umzubringen.

Interessanterweise ziehen Filme über Schlachten die Zuschauer reihenweise ins Kino. Wenn intrigiert, gekämpft, gemetzelt und gemordet wird, hat das für viele einen großen Unterhaltungswert, weil klar ist, dass es »nur ein Film« ist. Manche Filme sprechen den Heldenmut an oder variieren das beliebte Motiv David gegen Goliath. Andere sind deutlich als Propaganda für die Armeen dieser Welt zu erkennen. Gegen die Wirkung eines Films können wir uns nicht wehren. Filme lösen in uns eine Resonanz aus. Sonst könnten wir nicht mit dem Helden mitfiebern und mit den Opfern mitleiden. Es ist möglich, dass auf diese Weise aggressives Verhalten abgebaut werden kann, nachgewiesen ist dies allerdings nicht. Sicher ist, dass wir unsere eigenen Probleme und aktuellen Gefühle für die Länge eines Films, der uns wirklich fesselt, vergessen. Stattdessen schwelgen wir in Emotionen, die die Bilder auf der Kinoleinwand in uns auslösen. Ein Film kann uns helfen, etwas Distanz zu unseren eigenen Problemen zu gewinnen.

Nehmen Sie sich bei Ihrem nächsten Kinobesuch einmal kurz Zeit, Ihren Gefühlen und Körperreaktionen nachzuspüren. Was hat der Film in Ihnen ausgelöst? Wie fühlt sich Ihr Körper an? In welcher Stimmung haben Sie das Kino betreten? In welcher Stimmung verlassen Sie es wieder? Unsere Reaktionen auf einen Spielfilm unterscheiden sich von unseren Reaktionen auf einen reißerischen Nachrichtenclip, der über eine Entführung berichtet. Beim Clip, der ein reales Ereignis zeigt, sind wir wütend und fühlen mit den Entführungsopfern mit. Diese Reaktion ist zweischneidig. Einerseits kultivieren wir, indem wir uns berühren lassen vom Leiden der Opfer, Mitgefühl. Andererseits ermutigen wir möglicherweise potenzielle Täter, indem wir uns am Medienecho beteiligen. Amokläufer, die ihre Tat überlebt haben, berichten, dass ein starker Antrieb war, einmal sichtbar zu sein und etwas zu tun, was von Millionen Menschen gesehen wird.

Unsere Gefühle werden aber nicht nur durch Nachrichten und Filme beeinflusst, sondern auch durch Musik. Musik, die uns überall begegnet und noch präsenter ist als Filme und Bilder. Musik kann wunderbare Gefühlszustände hervorrufen. Häufig bemerken wir jedoch gar nicht, dass uns Klangteppiche umgeben, die uns manipulieren. Im Film können Gefühle durch Musik verstärkt oder erst hervorgerufen werden. Haben Sie schon einmal ausprobiert, nur die Filmmusik zu hören, ohne den Film anzuschauen? Es ist verblüffend. Alleine durch die Musik werden wir hin- und herbewegt. Die Gefühle fahren Achterbahn, wir können der Manipulation durch Musik noch schlechter entrinnen als der durch die Bilder. Die Gänsehaut, die die Musiksequenz im Film »der weiße Hai« auslöst, ist eine beeindruckende Erfahrung.

Wir können an unseren Reaktionen erkennen, wie es uns gerade geht. Wo sind wir besonders sensibel? Wo lassen wir uns mitreißen? Musik, die uns antreibt, Musik, die uns wieder entspannt. Es ist Ihre Entscheidung, was Sie hören. Sie können Musik nutzen, um sich in eine bestimmte Stimmung zu versetzen, nicht nur beim romantischen Candle-Light-Dinner. Musik eignet sich auch wunderbar, um Wut Ausdruck zu verleihen und sie abzureagieren. Wenn Sie das nächste Mal wütend sind und die Gelegenheit haben, Musik anzumachen, lassen Sie sich in den Rhythmus fallen. Stampfen Sie, ballen Sie die Fäuste, lassen Sie alle Bewegungen zu, die Ihnen helfen, die Wut zu fühlen und sie auszudrücken.

Genauso gut können wir auch zu relaxter Lounge-Musik greifen und unsere Stimmung und die unserer Umgebung positiv beeinflussen. Durch die vielen Online-Dienste müssen wir keinen Konzertsaal mehr aufsuchen oder hoffen, dass im Radio unser Lieblingssong kommt. Wir können uns mit der ausgewählten Musik selbst unterstützen und unsere Gefühle in unserem Sinne beeinflussen. Achten Sie auch bei den Videos, die Sie ansehen, einmal auf die Musik. Spüren Sie nach, was die Musik in Ihnen auslöst. Schließen Sie kurz die Augen, für einen Moment nur hören. Wenn Sie merken, dass die Musik Ihnen nicht guttut, stoppen Sie das Video. Mit diesem Stopp bekommt die digitale Welt wieder mal einen Schubs durch Sie.

Von Computerspielen und Algorithmen

Je weniger wir an Filmen und Dokumentationen interessiert sind, die Gewalt verherrlichen, desto geringer wird nach und nach deren Einfluss sein. Je öfter wir üben, unsere Wut zu betrachten, desto gelassener werden wir. Die Algorithmen, die uns folgen, verändern sich ebenfalls zwangsläufig, weil sie aus den Datenspuren, die wir hinterlassen, lernen. Würde künstliche Intelligenz aus millionenfach angeklickten gewalttätigen Videos extrapolieren, was ethisch richtiges Verhalten ist, dann Gute Nacht, Deutschland.

Es liegt an jedem von uns, die digitalen Kerben nicht zu vertiefen. Um das Netz positiv zu beeinflussen, müssen wir uns darüber klar werden, wie die Interaktionen zwischen digitaler Welt und uns aussehen. Schlaue Algorithmen beginnen, die Wechselwirkungen zu erkennen, und bieten uns entsprechendes digitales Futter an. Immer noch sind wir es, die die Wahl treffen, etwas anzusehen, anzuhören oder nicht. Sie haben in jedem Augenblick die Entscheidungsfreiheit, offline zu gehen. Wenn Sie diese Möglichkeit nicht nutzen, sollten Sie sich darüber klar werden, wer oder was Sie antreibt. Entspricht das, was Sie sich anschauen, wirklich Ihrer eigenen inneren Einstellung? Fühlen Sie sich wohl mit dem was Sie ansehen? Oder steigt Ihr Aggressionsniveau? Dann ist das ein untrügliches Zeichen, dass Sie Inhalten begegnen, die Ihnen schaden.

Nach Amokläufen wird immer wieder neu die Frage gestellt, ob Computerspiele wie Counterstrike, Ego-Shooter oder andere Auslöser einer von Hass getriebenen Tat sein können. Pro- und Contra-Meinungen werden in schöner Regelmäßigkeit in Medien und Sozialen Netzwerken diskutiert. Politiker fordern ein Verbot bestimmter Spiele. Doch Ursache und Wirkung sind nicht leicht zu erkennen. Die Forschung ist sehr beschränkt, auch wenn viele Medienberichte etwas anderes suggerieren. Die wenigen Studien kommen zu interessanten und auch überraschenden Ergebnissen (1). Demnach haben Amokläufer vor ihrer Tat selten sogenannte aggressive Computerspiele gespielt. Aus den wenigen aussagekräftigen Studien kann man eher schließen, dass diese Spiele eine Möglichkeit bieten, Aggressionen, Wut, Ärger loszuwerden. Dieses Abreagieren führt nicht zu einer nachhaltigen Transformation der Wut. Aber Wut, ausgelöst durch eine als ungerecht empfundene Note, kann ihre Schärfe im Verlauf einer Spielsequenz verlieren, weil die Aufmerksamkeit dem Spiel gilt und die Wut im Hintergrund verraucht.

Wie bei allem gilt auch für Computerspiele: Die Dosis macht das Gift. Aktive Interaktionen mit virtuellen, digitalen Welten, Computerspielen oder Filmen führen zu mentalen und im Hirn messbaren Veränderungen, die man sogar therapeutisch nutzen kann (2). Welche Veränderungen eintreten, hängt vor allem von uns selbst und unseren Interaktionen ab. Wenn wir unkonzentriert zwischen verschiedenen Serien hin- und herzappen und dauernd den Fokus unserer Aufmerksamkeit verändern, sind die Effekte negativ. Emotionale Kontrolle und Konzentrationsfähigkeit nehmen ab. Die fokussierte Aufmerksamkeit hingegen, die vernetzte Spielergruppen benötigen, um gemeinsam zu handeln, kann hilfreich sein, um schwierige Gefühle zu verarbeiten. Nutzen wir die Digitalisierung sinnvoll, wohldosiert und konzentriert, kann sie sich sogar günstig auf unsere Entwicklung auswirken.

Wir sind es, die eine Wahl treffen. Damit rücken wir uns und unser eigenes Verhalten in den Mittelpunkt. Oft nimmt man an, dass Menschen, die sich isoliert fühlen, zu aggressiven Computerspielen neigen und auf diese Weise ihren Frust abreagieren. Für manche Spieler trifft das tatsächlich zu. Werden Menschen in einer experimentellen Studie aus einer Gruppe ausgeschlossen, wählen die Ausgeschlossenen eher ein Spiel aus der Gruppe der Ego-Shooter. Allerdings fehlen belastbare Daten, dass sich diese Spielwahl im Alltag negativ auswirkt (3). Wir wissen also nicht, ob und inwiefern diese Spiele wirklich zu aggressiven Taten führen. Manche Teilnehmer hegen am Ende der Spielrunde noch aggressive Gefühle, die dann aber rasch verschwinden. Sehr viele Spieler bauen ihre Aggressionen während des Spiels vollständig ab. Der frustrierte, sozial ausgeschlossene Spieler baut also tatsächlich seinen Frust mit dem Spiel ab (4).

Insbesondere bei Spielen mit vielen Mitspielern entwickeln sich Freundschaften, selbst über Kontinente hinweg, was eine neue Form der digitalen sozialen Interaktion darstellt. Wenn wir uns mit anderen Menschen verbunden fühlen, senkt diese Verbundenheit das Aggressionsniveau, selbst wenn diese der gegnerischen Gruppe angehören. Menschen brauchen soziale Kontakte, Aufmerksamkeit und Respekt, auch in virtuellen Spielwelten. Fehlen diese Werte, sind Stress und Aggression die Folge. Aggressives Verhalten entsteht in Spielen laut Studien vor allem, wenn ein Spieler allein gegen eine KI spielt (5). Dies kann sehr frustrierend sein. Die Wutausbrüche, die das einsame Spiel gegen eine künstliche Intelligenz provoziert, kann man in einigen Videos im Netz betrachten. Die Spieler hämmern wild auf Tastatur und Rechner ein. Vermutlich spielt dabei das Gefühl, einem nicht fassbaren Gegner ohnmächtig ausgeliefert zu sein, eine Rolle.

Für Jugendliche können Spiele durchaus ein gutes Übungsfeld sein für die Zusammenarbeit über Grenzen hinweg. Solche Teams müssen sich auch in ihren kulturellen Gepflogenheiten abstimmen. Sie entwickeln gemeinsame Strategien und lernen, mit unterschiedlichen Verhaltensmustern umzugehen. So absolvieren die Spieler nebenbei auch einen Crashkurs in Konfliktlösung. Der Vorteil dieser virtuellen Interaktion liegt auf der Hand. Es ist nur ein Spiel. Wenn etwas schiefläuft, kann man den Spielverlauf analysieren und daraus lernen. Ohne negative Auswirkungen in der Alltagswelt, wenn man vom möglichen Schlafmangel einmal absieht.

Es wurde auch postuliert, dass Spiele mit aggressivem Grundtenor zu einem Verlust an Empathie führen. Dies ließ sich nicht bestätigen (6). Sie sind eine Form der Interaktion, ein Trainingsweg, auch eine Übung für fokussierte Aufmerksamkeit. Wer sehr konzentriert spielt, hängt nicht in frustranen Gedankenschleifen fest. Vielleicht ein weiterer Faktor, der Menschen motiviert, intensiv zu spielen, um einmal aus dem zwanghaften Denken aussteigen zu können. Wut und Hass, die sich in Gewalttaten niederschlagen, haben ihre Ursache also nicht in Computerspielen. Vielleicht, weil die Frustrationstoleranz, eine Spielsequenz immer wieder zu durchlaufen, bis das Ziel erreicht ist, bei Menschen, die sehr stark zu wütenden Gefühlen neigen, nicht vorhanden ist.

Computerspiele als Therapie

Inzwischen beginnt man, Computerspiele auch therapeutisch zu nutzen. Dass virtuelle Szenarien in uns schwierige Gefühle auslösen, können wir nutzen, um besser mit ihnen umzugehen oder sie sogar aufzulösen. Wir können uns in einem virtuell geschaffenen Setting bewusst, dosiert und mit professioneller Begleitung Ängsten oder traumatischen Erfahrungen aussetzen. Der Aufenthalt in virtuellen Welten kann durchaus schockierend wirken. Diese Erschütterung kann festgefahrene Gedankenstrukturen und Gefühle aufbrechen, uns im besten Sinne nachdenklich machen. Auch in der realistischsten virtuellen Umgebung bleibt in unserem Geist ein Rest Klarheit, dass es nicht die Wirklichkeit ist. Wer einmal in einer virtuellen

Welt steht, die eigentlich ein 3-D-Datensatz ist, mit dem passenden Outfit, Datenhandschuhen und Spezialbrille, macht unglaubliche Erfahrungen. Alles fühlt sich echt an. Der Abgrund fühlt sich real an, die Nackenhaare stellen sich auf, der Herzschlag beschleunigt sich. Es ist eine emotional aufwühlende Erfahrung.

Die Veränderungen physiologischer Messparameter zeigen an, dass die Wirkung der virtuellen Situation tief greifend genug für eine transformative Erfahrung ist. Trotzdem bleibt in einer hinteren Schicht unseres Geistes der illusionäre Charakter dieses Raumes spürbar. Wir ziehen die Brille ab, sind tief bewegt, erleichtert und kurz danach wieder im Alltagsmodus angekommen. Wenn virtuelle Welten therapeutisch eingesetzt werden, begleitet der Therapeut den Patienten, während dieser beispielsweise in einen Aufzug steigt oder über eine Brücke geht.

Besonders interessant sind Anwendungen, die sich mit der Veränderung unserer Erinnerungen und Erfahrungen beschäftigen. Kann man die Spurrillen in unserem Verhalten und unserem Gedächtnis verändern und Erinnerungen, die uns wütend machen, überschreiben oder dafür sorgen, dass bestimmte traumatische Erfahrungen erst gar nicht wirksam gespeichert werden? Dies erscheint möglich, wenn auch nicht in einem Ausmaß wie im Film »Total Recall«. Spannend für einen Mediziner ist die Möglichkeit, dass traumatische Erfahrungen erst gar nicht in der Zellmatrix fixiert werden. So kann man eingreifen, bevor ein Unglück körperlich und geistig festgeschrieben wird. In einer frühen Phase ist das belastende Ereignis noch nicht fest im Gedächtnis fixiert. Dieses Zeitfenster gilt es zu nutzen.

Menschen reagieren auf Traumata sehr unterschiedlich. Weil nicht vorhersehbar ist, ob ein Ereignis langfristigen Schaden anrichten wird, wäre es hilfreich, Einfluss auf die Verankerung zu nehmen. Wir wissen, dass Bilder und visuell kognitive Reize bei der Verankerung von Gefühlen und Ereignissen eine große Rolle spielen (7). So entstand die Idee, kurz nach einem schwerwiegenden Ereignis die körperliche und geistige Manifestation des Traumas zu verändern. In einer beeindruckenden Studie untersuchte man, ob es möglich wäre, diese Fixierung zu verändern oder ganz unmöglich zu machen.

Dies gelang erstaunlich einfach. Die Testpersonen wurden aufgefordert, Tetris zu spielen. In diesem Spiel müssen geometrische Formen, die nach unten fallen, geschickt gestapelt werden (8). Die Auswirkungen dieser Übung auf unser Gehirn sind erstaunlich. Weil die Spieler sich voll auf einen neutralen bildlichen Inhalt konzentrieren mussten, gelang es, die Implementierung von traumatischen Gedächtnisinhalten zu verhindern. Damit eröffnen sich neue therapeutische Möglichkeiten, auch wenn wir hier erst am Anfang stehen. Messbare Veränderungen der Hirnsubstanz lassen sich bei vielen Spielen nachweisen. Faszinierend sind die ersten Ansätze, kommerziell erhältliche Spiele für die Rehabilitation von Patienten nach Schlaganfall oder Unfällen zu nutzen. Viele klassische Computerspiele erfüllen Anforderungen der Rehabilitation. Sie fordern Geduld, Feinmotorik und die Fähigkeit, sich in einem simulierten, unbekannten Terrain zu bewegen. Hierzu braucht es keineswegs superhochaufgelöste 3-D-Landschaften, selbst ein einfaches Spiel wie Super Mario 4 (9) kann schon genügen, um die neurokognitiven Fähigkeiten zu verbessern.

Auch Bewegungsabläufe lassen sich durch virtuelle Unterstützung trainieren und verbessern. Bewegung hat weitreichende Effekte auf unsere kognitiven Fähigkeiten. Wir denken schneller, kombinieren besser und können uns leichter räumlich orientieren. In der Altersmedizin wird zum Beispiel ein Programm verwendet, mit dem Patienten an einer computersimulierten Scheibe Fenster putzen. Die simulierten Schlieren und Streifen sind mit einem Fensterputzer zu entfernen. Die Übung erscheint zunächst simpel, erfordert jedoch eine gute Koordination zwischen der Hand und dem Auge. Die Leitungsbahn zwischen Auge, Sehrinde und dem motorischen Areal des Gehirns wird aktiviert. Da die spezielle Software und Trainingskonsolen teuer und nicht einfach verfügbar sind, gibt es einige Studien, die kommerziell erhältliche Spielekonsolen getestet haben. Auch hier zeigten sich gute Trainingseffekte, die für die Rehabilitation nutzbar sind (10).

Nicht nur einzelne Hirnareale nehmen an Volumen zu, auch Leitungsbahnen werden vermehrt genutzt. Damit werden auch benachbarte Hirnareale wieder besser angebunden. Ego-Shooter-Spiele wie Counterstrike werden gerade ebenfalls im Rahmen von ersten Studien untersucht. Die vorläufigen Ergebnisse sind ermutigend. Eine Vielzahl von möglichen Einsatzgebieten im Bereich der Medizin bis hin zur Behandlung von Schizophrenien zeichnet sich ab (11). Hierfür sind nicht einmal teure 3-D-Brillen nötig. Viele einfache Spielekonsolen nutzen unsere Bewegungen schon und integrieren diese in den Spielablauf.

Wer allerdings schon an starken Einschränkungen der Körperwahrnehmung und der geistigen Fähigkeiten leidet, braucht Unterstützung im virtuellen Umfeld. Sich auf dem Laufband durch eine virtuelle Landschaft zu bewegen, kann dann sehr herausfordernd sein. Gehen wir in der virtuellen Umgebung um eine Kurve, auf dem Laufband aber unverändert geradeaus, ist das für Gesunde kein Problem. Das Gehirn ist in der Lage, diesen Widerspruch aufzulösen. Menschen mit kognitiven Einschränkungen reagieren hingegen verwirrt und können deshalb nicht vom Trainingseffekt profitieren.

Hier öffnet sich ein weites Feld für die Entwicklung von neuen interaktiven Spielen, die diese Einschränkungen programmiertechnisch umschiffen. Befragungen ergaben, dass Patienten unabhängig vom Alter gerne mit diesen Konsolen trainieren. Sie verbessern so Koordinations- und Lernfähigkeit und nehmen die körperbasierten Therapien besser an. Die oft als Qual empfundenen Ausdauer-, Muskelaufbau- und Balanceübungen gelingen durch das Vortraining mit den spielerischen Elementen des Computerprogramms besser. Außerdem scheinen die Patienten Trainingseinheiten zu Hause häufiger durchzuführen. Das intelligenteste Computerspiel ersetzt jedoch nicht den Waldspaziergang. Die Unebenheiten eines Waldwegs, die Geräusche und Gerüche lassen sich in der virtuellen Welt nur begrenzt abbilden. Sobald wir nach einer Erkrankung oder einem Unfall wieder fit genug sind, sollten wir möglichst oft in die Natur gehen. Den Weg dorthin können Spiele und Übungen ebnen.

Vielleicht bieten sich so auch neue kreative Möglichkeiten, mit aufkommenden schwierigen Gefühlen wie Ungeduld, Wut und Aggression umzugehen.

Von der Wut ins Mitgefühl

Wut und Hass sind Gefühle, die uns völlig vereinnahmen. Wenn sie durch Bilder und Videosequenzen ausgelöst werden, sind wir gefangen und können uns nicht vorstellen, dass sie sich jemals verändern oder sogar verwandeln lassen. Der einfachste Schlüssel, mit aufkommender Wut heilsam umzugehen, ist analog. Nehmen Sie ein paar Treppenstufen auf einmal, gehen Sie eine Runde um den Block. Stampfen Sie die Wut in den Boden. Lassen Sie durch schnelle Bewegung das Adrenalin verrauchen. So gehen Tiere mit aggressiven Impulsen um. Der schnellste Weg, Wut zu kanalisieren, führt über den Körper. Wenn Sie mehr Zeit haben und eine Runde joggen können, werden Sie merken, dass Sie gelöst, entspannt und mit frischen Ideen zurückkommen.

Leider ist das nicht immer möglich. Wenn Sie spüren, dass Ihr Körper in einen Kampfmodus geht, erlauben Sie sich auszusteigen und wenigstens den Raum kurz zu verlassen. Um die Wutspirale nicht weiter anzuheizen, braucht es Disziplin. Viele greifen in emotionalen Turbulenzen zu Alkohol, um sich zu entspannen. Alkohol ist die am leichtesten verfügbare Droge. Leider ist Alkohol in keiner Weise geeignet, uns wirklich zu unterstützen. Kurzfristig tritt eine Entspannung ein, die dann unvorhersehbar die Aggression wieder verstärken kann. Alkohol enthemmt und verändert unsere Reaktionen. Er stört unser Erinnerungsvermögen und verhindert eine sinnvolle Veränderung unseres Verhaltens.

Wichtig für eine nachhaltige Transformation ist, dass wir uns mit den Auslösern des Wutanfalls auseinandersetzen. Hier kann uns die virtuelle Welt unterstützen. Wieder einmal ist es nötig, zunächst ein wenig Abstand zu gewinnen. Als Übungsobjekt können Sie Nachrichten aus der Politik oder Posts nutzen, über die Sie sich üblicherweise aufregen, oder eine Mail, die Sie gerade erzürnt hat. Was können Sie tun, wenn Sie wütend sind und die Laufschuhe nicht dabeihaben oder nicht gerne joggen? Wenn Sie gerade keinen Spaziergang machen oder mit einem Freund sprechen können? Machen Sie eine kurze Pause. Betrachten Sie Ihre Atemzüge. Wahrscheinlich wird Ihr Smartphone ohnehin bald Ihr Stresslevel monitoren und Ihnen vorschlagen, eine kurze Meditation einzulegen.

So lange es noch nicht so weit ist, entscheiden Sie sich selbst für die kleine Übung »STOPP« aus Kapitel 1. Oder Sie nutzen ein Computerspiel, um aus der Gefühlsspirale auszusteigen. Tetris, Candy Crush, Solitär oder was auch immer Sie gerne spielen und was einfach verfügbar ist, können Sie dafür nutzen. Mithilfe dieser Spiele können wir lernen, dass wir Gefühlen nicht hilflos ausgeliefert sind. Erst wenn wir immer wieder erfahren, dass die Wut nicht wie ein Wirbelsturm durch unser Leben rasen muss, können wir uns selbst mehr vertrauen. Wenn die Wut überraschend kommt, wird es uns wahrscheinlich nicht gelingen, noch eine Runde Tetris einzulegen. Was können wir dann tun? Am allerwichtigsten ist es, nichts zu tun. Das Gefühl so lange da sein lassen, bis es sich auflöst. Den Atem wahrnehmen. Die Gedanken, die den Wutanfall begleiten, nach und nach fallen lassen, bis nur noch die reine Energie der Wut fühlbar ist.

Für einen heilsamen Umgang mit schwierigen Gefühlen werden in der buddhistischen Tradition auch Mantras genutzt (12). Worte, die nur innerlich gesprochen oder auch laut wiederholt werden. Mantras sind eine sehr effektive Möglichkeit, sich zu distanzieren. Inzwischen wurde diese Technik auch bei Patienten mit Traumata mit sehr gutem Erfolg eingesetzt. Es spielt dann für den Moment keine Rolle, was den Wutanfall ausgelöst hat. Damit können wir uns später beschäftigen, wenn die Wut abgeklungen ist. Um Wut auszuhalten ist es hilfreich, sich immer wieder klarzumachen, dass Gefühle keine eigene Substanz haben. Sie sind flüchtig. Auch ein Platzregen dauert keinen Sommer lang … (Laozi, Daodejing (13)).

Wenn Ihnen das seltsam vorkommt, können Sie einmal versuchen, ein Gefühl zu greifen. Gefühle lösen Gedanken aus, Gedanken lösen Gefühle aus, der Körper reagiert. Aber das Gefühl selbst können Sie nicht fassen. Sie können Ihre Wut nicht auf ein Schneidebrett legen und zerkleinern. Versuchen wir, Gefühle beiseitezuschieben, tauchen diese an anderer Stelle wieder auf. Wenn die Wut verraucht ist, können wir versuchen herauszufinden, was der Auslöser war. Ob wir immer wieder auf dieselben Kleinigkeiten oder bestimmte Menschen wütend reagieren. Für den Umgang mit der Wut gibt es auch viele Videos, die wir nutzen können. Hier ein Videobeispiel: https://www.youtube.com/watch?v=FwgxZrlqZ8w.

Um mit unserer Wut umzugehen, müssen wir lernen, uns selbst liebevoll und mitfühlend zu begegnen. Die Wut liebevoll in den Arm zu nehmen, einfach mit dieser Wut zu sein, ohne zu agieren, ohne zu reagieren. Immer stiller werden.

Ein lohnender Übungsweg ist die Verwandlung von Wut in Mitgefühl. Schon die alten Meister haben diesen Weg als besonders segensreich beschrieben. Treten wir uns und unseren Mitmenschen mit Mitgefühl gegenüber, verändert sich vieles. Kann uns das digitale Umfeld hier auch unterstützen?

Um die Wut zu transformieren, müssen wir ihr begegnen. Es ist nie besonders schön, unsere dunklen Seiten zu entdecken. Sie haben nun schon ein wenig geübt, unangenehme Gefühle nur zu beobachten, ohne sie auszuagieren. Diese Grundhaltung des Beobachtens sollten wir auf alle unsere Handlungen im Netz ausdehnen. Halten Sie, bevor Sie eine wütende Antwort auf eine Nachricht schreiben, noch einmal inne. Werden Sie sich darüber klar, dass nur Sie in diesem Moment wütend sind. Vielleicht ist es genau das, was der Verfasser der Nachricht beabsichtigt hat.

Aber Sie warten einfach ab und tappen nicht in die Falle, die Ihnen gestellt wurde. Es kann sein, dass Sie plötzlich Mitgefühl empfinden mit demjenigen, der die Nachricht verfasst hat, die Sie verärgert hat. Das ist eine sehr beeindruckende und berührende Erfahrung. Wir spüren Mitgefühl mit dem Schreiber der fiesen Nachricht und müssen nicht antworten. Wir haben uns aus den Stricken unserer Verhaltensmuster befreit. Wir brauchen diese Muster nicht mehr, sondern suchen uns etwas, das uns Freude bereitet, werden zufriedener. Erstaunlicherweise erhalten wir mehr Nachrichten von anderen Menschen, die uns wohlgesinnt sind.

Mitgefühl ist keine Schwäche, wir halten nicht die andere Wange hin, sondern ruhen in unserer Mitte. Das können wir nicht nur für uns selbst nutzen, wir können auch einen anderen in seiner Raserei erst einmal einfach lassen. Wenn wir mitfühlend sind, kann auch dessen Wut sich in tiefe Ruhe und Gelassenheit verwandeln. Dann entsteht eine unbestimmte Sehnsucht nach diesem Gefühl des inneren Friedens, ein leiser Ton, der rasch im Medienrauschen und in der Geschäftigkeit wieder untergeht. Diesen Ton zu kultivieren ist die Grundlage für mitfühlendes Handeln.

In unserer Welt der allgegenwärtigen Bilder gibt es noch einen anderen Weg, Mitgefühl zu entwickeln. Mitgefühl kann durch Bilder, die uns schockieren oder angenehm berühren, aktiviert werden. Die Bilder eines Amoklaufs erschüttern uns. Wir fühlen mit den Opfern und deren Familien. Wir sind zu Tränen gerührt. Aber auch Szenen in einem romantischen Film, ein schönes Konzert, ein Sonnenuntergang auf dem Balkon können uns tief berühren. Wie geschieht das? Empathie ist die Fähigkeit, mit dem anderen zu fühlen und dessen Gefühle spüren zu können, auch wenn dieser Mensch eine Figur auf der Leinwand ist. Die Spiegelneuronen im Gehirn machen es möglich.

Mitgefühl ist nicht dasselbe wie Mitleid. Mitleid bedeutet, sich ganz in den anderen einzufühlen und mit ihm zu leiden, seinen Schmerz zu fühlen, als sei es der eigene. Doch diese Form von Empathie trübt den Blick und ist anstrengend. Wenn Sie sich überwältigen lassen vom Schmerz und Leid der anderen, fehlt Ihnen die notwendige Distanz, um hilfreich sein zu können. Emotionale Erschöpfung und Schwarz-Weiß-Denken sind die Folge. Mitgefühl hingegen ist eine aktive Haltung, in der Sie sich vom Schmerz der anderen berühren lassen und gleichzeitig in Ihrer Kraft bleiben. Menschen in helfenden Berufen brauchen eine gute Balance und sollten den Unterschied zwischen Mitgefühl und Mitleid kennen, weil sie sonst riskieren auszubrennen.

Berührende und erschütternde Bilder in Social Media sind ein gutes Übungsfeld, um Mitgefühl zu entwickeln. Anders als in realen Situationen, beispielsweise bei einem Unfall, bei dem wir Zeuge werden, ist es bei digitalen Bildern viel leichter, eine innere Distanz einzunehmen und Mitgefühl zu spüren. Mitgefühl bedeutet, das Leiden der anderen zu erkennen. Die Betroffenheit zu teilen, ohne selbst mitzuleiden. Es bedarf einer inneren Haltung der Klarheit und Gelassenheit, die nichts mit Gleichgültigkeit zu tun hat. Aus dieser Haltung heraus können wir mitfühlend handeln. Erkennen, was der andere, der gerade leidet, wirklich braucht.

Wenn etwas Schreckliches passiert, brauchen die Betroffenen Trost, Zuspruch, Unterstützung und tätiges Mitgefühl. Nach einem Amoklauf berichteten Betroffene, dass es für sie besonders hilfreich war, wenn jemand Essen vorbeibrachte, anbot, die Kinder zur Schule zu fahren oder einfach nur zuzuhören. Dadurch wird die Gemeinschaft der Mitmenschen sichtbar und spürbar. Ein Mensch, der nur weinend danebensitzt und immer wieder ausruft, wie furchtbar alles ist, wäre keine wirkliche Unterstützung. Nach Berichten über Amokläufe ist in der betroffenen Stadt, manchmal sogar im ganzen Land eine Verbundenheit durch tiefes Mitgefühl wahrzunehmen.

Es ist nicht möglich, gleichzeitig wütend zu sein und Mitgefühl zu empfinden. In solchen Momenten, in denen wir auf eine wunderbare Weise verletzlich, offen und gleichzeitig stark sind, tritt selbst die Wut auf einen Amokläufer in den Hintergrund. Mitgefühl blockiert damit Hass und Wut. Wenn wir wirklich tiefes Mitgefühl empfinden und mit Menschen sprechen, die sehr wütend sind, legt sich auch deren Wut. Das funktioniert sogar mit formelhaften Sätzen aus dem Deeskalationstraining wie: »Ich verstehe vollkommen, dass Sie wütend sind. Es tut mir sehr leid, dass Sie warten müssen ...« Werden diese Sätze aus einer mitfühlenden Haltung heraus gesprochen, löst sich die Spannung.

Es ist immer wieder beeindruckend zu erfahren, dass unsere Gefühle auch körperliche Spuren hinterlassen. Wenn wir achtsam sind und mit unserem Körper verbunden, können wir entdecken, dass auch Mitgefühl im Körper gespeichert wird. Wir können uns an diese Empfindung erinnern, sie als Wegweiser nutzen. Bisher haben wir geglaubt, dass vor allem negative Gefühle oder traumatische Erinnerungen als Körpererinnerung existieren. Doch das Gleiche ist auch mit positiven Erfahrungen möglich. Diese sind nur subtiler und drängen sich nicht in den Vordergrund. Erinnerungsspuren im Körper sind wie Gefühlskonserven, die wir nutzen können. Wir können die positiven Spurrillen des Mitgefühls im Körper verstärken, indem wir Filme schauen, die unser Mitgefühl berühren. Auch die im Körper gespeicherten Reaktionsspuren der Wut können wir dann mehr und mehr mitfühlend spüren. Mit der Zeit werden sie abgelöst von den neuen Körperempfindungen. Nach und nach können so die schmerzhaften Erinnerungen verblassen.

Wenn wir uns ganz auf die Wahrnehmung des Körpers einlassen, werden auch die Gedankenschleifen, die uns immer wieder in Erinnerungen an schwierige Gefühle zurückkatapultieren, langsamer. So kann sich Wut langsam in Mitgefühl transformieren, vielleicht sogar in Güte. Nach und nach werden wir so gelassener. Eine mitfühlende Haltung mit uns selbst und mit anderen, das zeigen wissenschaftliche Studien, hilft uns, problematisches Verhalten zu korrigieren. Verändert sich unsere Grundhaltung, verändert sich auch unser Umgang mit anderen Menschen und dem Netz. Die Grundhaltung, mit der wir uns in den sozialen Medien bewegen, überträgt sich auf alle, mit denen wir vernetzt sind. Ihre Übung besteht darin, sich genau zu überlegen, was Sie posten, mit welcher inneren Haltung Sie etwas schreiben, was Sie ansehen, teilen und liken.

Wenn wir in den Sozialen Medien aktiv unterwegs sind, sollten wir auch sehr aufmerksam beobachten, ob wir Neid empfinden. Neid, Wut und Aggression sind oft eng verbunden. Wenn Sie spüren, dass in Ihnen gerade ein Gemisch aus Neid und Wut aktiv ist, sollten Sie nichts posten. Empathie oder die Fähigkeit, die Gefühle der anderen wahrzunehmen, können wir in vielerlei Hinsicht nutzen. Mithilfe dieser Fähigkeit können wir in einer nicht analytischen und unmittelbaren Weise etwas über uns selbst und unsere Mitmenschen lernen. Was wir durch Spiegelneuronen am eigenen Leib erfahren, hat einen stärkeren Einfluss auf uns als etwas, das wir nur lesen. So wird Transformation möglich. Im besten Fall bringt dieses Buch beim Lesen in Ihnen immer wieder eine neue Saite zum Klingen und treibt so Ihre Transformation voran. Das Netz bietet ein reichhaltiges Übungsfeld, das unangenehme Gefühl Neid zu erkunden und zu verwandeln.

Wenn wir unsere Potentiale entwickeln möchten, ist es sinnvoll, keine Energie in neidvolles Verhalten zu investieren. Kein leichtes Unterfangen im digitalen Zeitalter. Medienberichte über Stars und Sternchen, Millionäre und andere anscheinend vom Leben bevorzugte Menschen befeuern Neidgefühle. Wie entsteht Neid in uns? Woraus speist er sich? Oft entsteht Neid aus dem nagenden Gefühl, zu kurz gekommen zu sein. Neidvoll blicken wir auf einen Menschen, der etwas besitzt, das wir selbst gerne hätten. Schönheit, Reichtum, Wissen, ein außergewöhnliches Auto. Neid ist eng verwandt mit Gier, die wir im nächsten Kapitel näher betrachten. Durch die mediale Omnipräsenz von Menschen, die wir bewundern, denen wir in den Sozialen Medien folgen, kann rasch Neid entstehen.

Aber was gewinnen wir für uns selbst, wenn wir uns in dieses Fahrwasser begeben? Wir gewinnen nichts und verlieren uns in Gefühlen, die uns nur weiter nach unten ziehen. Wir fühlen uns schlecht und unterschätzen unseren eigenen Wert. Zeiten des Neides sind Zeiten, in denen wir unsere eigene Lebenszeit vernichten. Wenn wir tiefer blicken, stellen wir fest, dass wir etwas haben wollen, ohne etwas dafür leisten zu müssen. Damit folgen wir einer Fata Morgana. Für erfolgreiche Blogger, denen wir begeistert folgen, ist diese Tätigkeit oft ein Fulltime-Job. Der Erfolg stellt sich keineswegs mühelos ein.

Wenn eine Fee uns einen Wunsch erfüllen könnte und wir würden in das Leben der anderen, die scheinbar erfolgreicher sind, versetzt, wären wir dann glücklicher? Machen Sie ein kleines Experiment. Versetzen Sie sich für einen Moment in die Lage eines Menschen, den Sie beneiden. Zwar steht Ihnen keine Fee zur Seite, aber mit etwas Einfühlungsvermögen und Fantasie sollte es Ihnen gelingen, sich in das Leben der beneideten Person hineinzuversetzen. Ist es wirklich so großartig, immer auf die

Figur zu achten, damit die Designerkleider so unglaublich gut aussehen? Wie mag es sich anfühlen, wenn immer Fotografen präsent sind?

Wenn wir versuchen, uns in die andere Person zu versetzen, stellen wir fest, dass diese genauso fühlt wie wir, die gleichen Sehnsüchte und Ängste hat. Vielleicht ist sie ängstlich und darf das nie zeigen. Je besser wir eine andere Person verstehen und uns in sie hineinversetzen können, desto geringer ist die Wahrscheinlichkeit, dass wir Neid empfinden. Manchmal empfinden wir Neid, wenn es uns schlecht geht. Dann würden wir sicher gerne mit einer Person tauschen, der es vermeintlich besser geht. Selbst wenn das kurzzeitig möglich wäre, würde es langfristig nicht wirklich helfen, denn wir nehmen uns überallhin mit.

Wir können Neidgefühle auch als Ansporn und Entwicklungsmotor nutzen. Menschen, die in unseren Augen Großartiges geleistet haben, können wir uns zum Vorbild nehmen. In den USA ist dieser Umgang mit Neid sehr verbreitet. Dort überwiegt die Bewunderung für das, was das Idol erreicht hat. Die Bewunderung kann ein Motor sein, die eigenen Fähigkeiten zu erkunden. Auszuloten, ob man ähnlich erfolgreich sein kann. Hierfür können wir die Fähigkeit, uns empathisch einzufühlen, auf ganz andere Weise nutzen.

Sich an Vorbildern zu orientieren, die wir bewundern, kann also positive Effekte haben. Sie können sich durchaus von der Stärke und Durchsetzungskraft eines Menschen, dem Sie im Netz folgen, inspirieren lassen und sein Charisma spüren. Doch Vorsicht! Machen Sie sich klar, dass Sie Ihre eigene Kraft spüren und Ihr eigenes Charisma, wenn Sie sich inspirieren lassen. Schnell kann der Eindruck entstehen, dass auf magischem Wege Energie auf Sie übertragen wurde. Doch die Sache funktioniert anders. Indem Sie die Kraft einer Person spüren, die ein Vorbild für Sie ist, können sich mithilfe der Spiegelneuronen im Gehirn die Türen zu Ihrer eigenen Kraft öffnen. Wenn Sie Ihre eigene Kraft spüren, sind Sie weniger anfällig für neidvolle Gefühle und giftige Entgleisungen. Sie lernen zu spüren, wer Sie wirklich sind.

Wenn das gelingt, erkennen wir, dass wir selbst unseren Weg bestimmen. Sind wir mit uns im Reinen, können wir anderen Menschen gelassen und großzügig begegnen. Wir nehmen uns an, wie wir sind, und werden so selbst zum Beispiel für andere. Engstirnige Kommentare und missgünstige Reaktionen haben dann keinen Platz mehr. Wir können in dem, was wir schreiben, Mitgefühl und Großzügigkeit zum Ausdruck bringen.

Wir entscheiden – das Unheilsame meiden

Wenngleich wir unseren digitalen Spiegel gut nutzen können, um den Umgang mit unseren Gefühlen zu üben, sollten wir uns nicht mutwillig und unbedacht schwierigen Kommentaren und Videos aussetzen. Wir sollten gut für uns sorgen, akzeptieren, wie es uns geht, aber auch erkennen, wo wir an unsere Grenzen kommen. Wenn Sie zu emotionalen Ausbrüchen neigen, ist es wichtig, dass Sie gut für sich sorgen. Abonnieren Sie keine Blogs, die Ihre Schattenseiten antriggern. Es gibt keine gerechte Wut, keinen heiligen Zorn. Je besser wir erkennen, was unheilsam für uns ist, desto besser können wir dies im Umgang mit der digitalen Welt vermeiden und uns gezielt mit Menschen in unserem Umfeld verbinden, die uns guttun.

Bewusst Filme auswählen und uns immer bewusster entscheiden, wie wir uns durch die digitalen Medien bewegen. Die Verführungskraft der Medien mag hoch sein, doch immer noch sind wir es, die entscheiden. Wir müssen uns nicht dem Dämon der Wut aussetzen. Das klingt so einfach, ist es aber leider nicht. Jeder hat seine ganz eigenen Trigger, seinen eigenen inneren Dämonen, der durch äußere Reize, Gedanken und Erinnerungen jederzeit erweckt werden kann. Diesen sollten wir gut kennen, um ihn nicht zu reizen. Auch wenn anschmiegsame Algorithmen uns begleiten. Wir können die Vorschläge, die wir erhalten, infrage stellen. Unseren Körper wahrnehmen und spüren, ob wir uns mit den Vorschlägen wohlfühlen. Planen Sie für die folgende Übung (eine Erweiterung von Übung 3) 20 bis 25 Minuten ein.

Übung 4

Schwierige Gefühle akzeptieren

Setzen Sie sich aufrecht auf einen Stuhl oder ein Meditationskissen. Stellen oder legen Sie beide Füße auf den Boden. Nehmen Sie die Füße wahr.

Wandern Sie langsam mit der Aufmerksamkeit nach oben. Spüren Sie die Beine, das Gesäß auf dem Stuhl, den aufrechten Rücken.

Erforschen Sie Ihren Körper neugierig. Wie fühlt sich der Körper gerade jetzt an?

Lenken Sie dann die Aufmerksamkeit auf die Gefühle. Nehmen Sie neugierig und liebevoll wahr, was Sie gerade fühlen. Betrachten Sie jedes Gefühl, das auftaucht, wohlwollend. Wenn Wut aufsteigt, umarmen Sie sie sanft.
Lassen Sie alle Gedanken und Geschichten, die auftauchen, ziehen. Wenn Wut da ist, spüren Sie sie einfach. Warten Sie gelassen, bis die Welle verebbt.
Vollkommen akzeptieren, was gerade geschieht. Mitfühlend mit mir selbst umgehen, mit den schwierigen Gefühlen einfach für mich da sein.
Geduldig mit mir ausharren.
Ich akzeptiere und liebe mich so, wie ich bin. Denn genau so bin ich vollkommen in Ordnung. Die goldene Wärme des Mitgefühls mit mir selbst spüren.
Die Augen wieder öffnen und gelassen in den Tag lächeln.

Mit dieser Übung können wir die direkte Transformation von Wut in gelassenes Mitgefühl erfahren. Wenn wir meditieren, werden immer wieder innere Hindernisse auftauchen. Innere Stimmen, die uns Geschichten erzählen. Diese Geschichten können uns sehr real und plastisch erscheinen. Auftauchende Gedanken wollen uns manchmal davon abbringen, unsere Gefühle einfach nur wahrzunehmen. Dann ist es hilfreich, zur Wahrnehmung des Körpers zurückzukehren. Mit den Gefühlen sitzen bleiben. Es sind nur Geschichten, die wir uns selbst erzählen. Wir sitzen allein mit uns auf dem Stuhl, der Meditationsmatte, sonst ist niemand da. Alles, was wir erfahren, haben wir selbst geschaffen. Versuchen Sie, nicht zu urteilen, und bleiben Sie einfach weiter sitzen.

Diese Übungen helfen sehr gut, auch wenn Sie glauben, zu Recht wütend zu sein. Die Wandlung von Wut, Aggression und Hass in gelassene Kraft und Mitgefühl ist eine beeindruckende Erfahrung. Sie brauchen dafür allerdings Geduld. Heftige Gefühle verschwinden nicht mit zwei intensiven Atemzügen. Wiederholen Sie die Übung, wann immer es Ihnen möglich ist.

Der Kern

Gefühle, die durch Nachrichten oder Filme ausgelöst werden, können Sie nutzen, um mit ihnen bewusster umzugehen. Sie können die Trigger erkennen, die diese Gefühle in Ihnen ausgelöst haben.

Starke Gefühle wie Wut können Sie in die Meditationsübungen mit hineinnehmen, sie beobachten und lernen, sie zu transformieren.

Sie können Computerspiele nutzen, um aus Gefühlsspiralen auszusteigen.

Bilder, die Sie im Herzen berühren, helfen Ihnen, Mitgefühl zu entwickeln.

Ihre innere Haltung überträgt sich auf alles, was Sie im Netz teilen.

KAPITEL 3

Gier, der Drang, etwas haben oder nicht haben zu wollen

Wie freigiebig ist
Der Duft des Orangenbaums
Auf unserer Haut

Woran denken Sie als Erstes beim Wort Gier? An den Gang zum Kühlschrank oder zur Keksdose? An die Spuren, die Gier als »Hüftgold« im Körper hinterlässt? Meist ist uns keineswegs bewusst, dass wir gierig sind. Wir möchten gerne etwas haben, etwas besitzen, anerkannt werden. Auf den ersten Blick erscheinen kleine, von Gier getriebene Wünsche harmlos. Warum nicht neue Schuhe kaufen oder ein neues Computerspiel, wenn wir uns darüber freuen? Doch die Freude hält oft nur kurz an, dann brauchen wir wieder etwas Neues. Haben Sie schon einmal erlebt, dass Sie ein bestimmtes Kleid unbedingt haben mussten oder der Gedanke an ein neues Auto fast obsessiv wurde? Wenn der Wunsch, etwas zu besitzen, alles zu dominieren beginnt, haben wir den Zustand der Gier erreicht. Sobald wir das Objekt unserer Begierde besitzen, die schöne Vase, das Superkleid, das elegante Auto, erscheint uns dieses rasch schal. Die Freude zerrinnt schneller, als die Suche nach dem besonderen Objekt gedauert hat.

Gier gehört im buddhistischen Wertekanon zu den drei schwierigen Gefühlen, die Menschen davon abhalten, ein glückliches und zufriedenes Leben zu führen. Der Motor für die Raubzüge von früher war die Gier nach Reichtum und Ruhm. Auch heute ist die Gier nach Statussymbolen und Ämtern ein Motor für Erfolg. Doch die Kehrseite von übermäßiger Gier ist Zerstörung. Gier kann unser eigenes Leben und das unserer Mitmenschen vergiften. Die Gier nach neuen Rohstoffen, Produkten und Absatzmärkten führt zur Zerstörung unseres Planeten. In der Menschheitsgeschichte hat Gier unendlich viel Leid produziert, Kriege ausgelöst und zum Niedergang von Hochkulturen geführt. Gier kurbelt unsere Wirtschaft an. Ohne Gier wären wir mit weniger zufrieden, doch weil Gier in uns so stark ist, möchten wir immer neue Kleider, ein neues Auto, eine schönere Wohnung, ein größeres Haus.

Leider führt die Gier, auch wenn sie kurzfristig befriedigt wird, langfristig nicht zur Erfüllung und zu einem zufriedenen Sein. Denn Gier ist gefräßig. Kaum ist ein Wunsch erfüllt, taucht der nächste auf. Wenn wir wirklich daran interessiert sind, auf einer tiefen Ebene Zufriedenheit zu erleben, müssen wir lernen, Gier zu transformieren in inneren Frieden und gelassenes Sein. Klingt das nicht nach einem lohnenden Ziel? Gier führt dazu, dass wir immer wieder der Verlockung zum Opfer fallen, uns etwas einfach nehmen zu wollen. In unserer digitalen Umgebung ist das sehr einfach geworden. Wir erwarten inzwischen oft sogar, dass Materialien im Netz kostenfrei verfügbar sein sollten. Doch diese Erwartung bringt uns in Schwierigkeiten. Denn wie sollen intellektuelle Leistungen noch geschützt werden, wenn jeder sich im großen digitalen Supermarkt einfach bedienen kann?

Nie war es leichter als heute, ganze Texte zu kopieren, in eigene Schriften zu integrieren, ohne auch nur eine Quelle zu nennen. Die zahlreichen Plagiatsskandale der letzten Jahre haben das Problem ans Licht gebracht. Der alte Menschheitstraum, etwas ohne Anstrengung einfach zu nehmen, sich die gebratenen Tauben in den Mund flattern zu lassen, mühelos zum Erfolg zu kommen und in Gold zu baden, gehörte bislang in die Welt der Mythen und Märchen. Durch die Digitalisierung scheint dieser Traum real zu werden. Musik ist überall rund um die Uhr verfügbar, Wissen jeglicher Couleur leicht zu finden, Bilder lassen sich mit einem Klick downloaden. Zu wissen, dass alles jederzeit leicht verfügbar ist, untergräbt die Bereitschaft, ein Thema, eine Frage, einen Inhalt wirklich ergründen und verstehen zu wollen. Warum sich anstrengen und in die Tiefe gehen, wenn leicht verdauliche Häppchen frei Haus geliefert werden? Warum sich durch eine komplizierte Studie quälen, wenn man auch die Metaanalysen lesen kann?

Doch wir bringen uns auch um das großartige Gefühl, das sich einstellt, wenn wir einen anspruchsvollen Text oder ein schwieriges Experiment wirklich durchdrungen haben. Natürlich ist es manchmal sinnvoll und auch legitim, den leichten Weg zu wählen. Aber es ist nötig, die Arbeit der anderen anzuerkennen und wertzuschätzen. Für unsere eigene Arbeit wünschen wir uns das ja auch. Menschen, die von ihren Aktivitäten im Netz leben, haben Wege gefunden, ihren Lebensunterhalt damit zu verdienen. Tatsächlich gibt es im Internet viele – zumindest auf den ersten Blick – kostenfreie Angebote. Neben Diensten, für die wir Geld bezahlen, begegnen wir geschickt platzierter Werbung, der wir uns nicht entziehen können. Wir sind unfreiwillige Kunden gut getarnten Produktmarketings. Durch unsere Klicks können Google und Co. Geld verdienen. Unsere Handlungen werden transparent. Unsere Gier, etwas, möglichst umsonst, erhalten zu wollen, macht uns zum Spielball von Algorithmen. Gleichzeitig erhalten wir etwas, ohne uns besonders anstrengen zu müssen.

So großartig und attraktiv die Welt der unbegrenzten digitalen Möglichkeiten ist, sie kann uns auch dazu verführen, faul und träge zu werden. Indem wir es uns leicht machen wollen, verlieren wir nach und nach unsere Konzentrationsfähigkeit. Kennen Sie das? Wenn es anstrengend wird, einen Text zu lesen oder zu schreiben, wenn Sie an eine Grenze kommen, ist die Verlockung groß, einfach weiterzuklicken und sich von bunten Bildern, Videos und Texten einfangen und ablenken zu lassen. Doch damit verändert sich Ihre persönliche Entwicklungsgeschwindigkeit. Sie werden träge. Wenn wir nicht mehr bereit sind, Texte, die wir online lesen, genauso tief zu ergründen, wie Philosophen und Forscher in alten Zeiten wertvolle Folianten studiert haben, verlieren wir wichtige mentale Kompetenzen. Fatalerweise werden dann auch unsere zerebralen Leitungsbahnen weniger genutzt. Intellektuelle Schärfe, Offenheit und Beharrlichkeit gehen verloren. Doch genau diese Qualitäten brauchen wir heute dringender denn je. Stattdessen werden wir immer unruhiger (15).

Diese innere Unruhe ist auch ein Einfallstor für die Gier. Meist suchen wir nicht nach der Ursache für unsere Unruhe, sondern nach einer einfachen Beruhigungsmöglichkeit. Mit Konsum, Essen oder Alkohol beruhigen wir uns. Nachhaltiger würden uns Meditationsübungen mit ihrer fokussierten Aufmerksamkeit helfen. Einfach immer wieder drei tiefe, bewusste Atemzüge machen, ohne uns ablenken zu lassen. Wir sollten sie regelmäßig als Pausen nutzen, um uns anschließend konzentriert und bewusst durch die bunte Online-Welt zu bewegen.

Die Verlockungen des »internet of things« sind groß. Alles ist nur einen Mausklick entfernt. Alles ist zu haben. Ohne Anstrengung, ohne Fragen. Waffen, Frauen, Kleider, Liebe. Den Verlockungen der vielen Angebote nicht zum Opfer zu fallen ist manchmal nicht so einfach. Wir bestellen Waren, die wir nicht wirklich brauchen, lassen uns Kleider schicken, nur um sie einmal anzuprobieren, und schicken dann wieder alles zurück. Was für eine Verschwendung von Verpackungsmaterial, Manpower und Transportmitteln. Diese Form der Gier, die auch unsere Wirtschaft treibt, führt aber nicht dazu, dass wir zufriedener sind. Ganz im Gegenteil. Wir brauchen noch mehr Dinge, wollen noch mehr haben und sind keineswegs glücklicher.

Bevor Sie etwas bestellen, halten Sie einen Moment inne. Fragen Sie sich, ob das neue Kleid Sie wirklich glücklich machen wird oder ob Sie nur einem inneren Impuls von Gier folgen. Legen Sie eine Pause ein. Wenn Sie es einen Augenblick mit sich selbst aushalten, so wie Sie gerade sind, und dem drängenden Bedürfnis nicht nachgeben, werden Sie wahrscheinlich die Erfahrung machen, dass das Bedürfnis, so drängend es sich eben noch angefühlt hat, einfach wieder verschwindet. Wenn wir Torten oder Kleider bestellen, können wir schnell erkennen, wenn wir uns gierig verhalten. Wenn wir uns im Netz bewegen, sind wir vielen Impulsen und Bildern ausgesetzt, deren tiefere Auswirkungen wir nicht auf den ersten Blick erkennen.

Die virtuelle Bilderflut hat durchaus Einfluss auf uns als reale Person. Bilder von Himbeeren oder Mangos wirken auf das Gehirn ebenso stark wie die echten Früchte. Hier zeigt sich erneut, dass die Trennung zwischen der digitalen Welt und dem, was wir Wirklichkeit nennen, verschwimmt. Die Schwester der Gier ist die Sucht. Das unbändige Verlangen, etwas unbedingt haben zu müssen. Bei Nikotinabhängigen aktivieren Bilder von Zigaretten dieselben Lustzentren wie echter Rauch (16). Je intensiver die Gefühle sind, die Bilder von Nahrung oder Zigaretten in uns auslösen, desto schwieriger wird es, im wahren Leben aus den Gier- und Suchtspiralen auszusteigen.

Machen Sie ein kleines Experiment. Schauen Sie sich Bilder Ihrer Lieblingsnahrungs- oder suchtmittel an. Wenn Sie beim Betrachten den starken Drang verspüren, jetzt sofort etwas zu essen oder eine Zigarette zu rauchen, hat die Gier Sie gepackt. Sie können leicht erkennen, wie frei oder unfrei Sie in diesem Moment sind. Wenn schon Bilder von Lieblingssuchtmitteln ein starkes Verlangen auslösen können, ist es nicht verwunderlich, dass Rückfälle, beim Versuch, eine Diät zu machen oder sich das Rauchen abzugewöhnen, vorprogrammiert sind.

Wir sind innerlich nicht frei. Werbung nutzt diese Unfreiheit geschickt aus. Ein Wein wird von fröhlichen und gut aussehenden Menschen getrunken. So wollen wir auch sein. Mit diesem Produkt, das suggeriert uns die Werbung, können wir auch so attraktiv und fröhlich werden. Alle Belohnungszentren in unserem Gehirn werden aktiviert. Im weiteren Verlauf füttern uns gut programmierte Algorithmen mit noch mehr passenden Informationen. Und schon folgen wir dem intrinsischen Suchtimpuls und bestellen einfach etwas. Bilder, Filme, Videos und Instagram können uns dabei manipulieren.

Andererseits können Sie sich klarmachen, dass es nur Bilder von süßen Torten sind und keine echten. Sie haben die Möglichkeit, wieder eine Pause einzulegen. Sie sitzen nur am Bildschirm, Sie stehen nicht in einer Bäckerei am Tresen. Dort wäre es viel schwieriger, umzukehren. Wenn wir immer wieder anhalten und dem ersten Impuls nicht folgen, lernen unsere Leitungsbahnen allmählich, dass wir bestimmte Suchtmittel wohl doch nicht brauchen. Machen Sie eine Online-Pause. Blicken Sie kurz vom Bildschirm auf. Legen Sie das Smartphone zur Seite. Warten Sie, bis Sie den Film starten.

Übung 5

Kleine Online-Pause

Spüren Sie nach, wie es Ihnen in diesem Augenblick geht.
Folgen Sie Ihrem Atem.
Warten Sie, bis die Gefühle zur Ruhe gekommen sind.
Begeben Sie sich auf eine kleine Forschungsreise. Fragen Sie sich: Welche Erwartung steckt hinter dem Bedürfnis, weiterzusurfen, etwas zu bestellen? Wie fühlt sich der Drang, etwas zu bestellen oder weiterzuklicken, im Körper an?
Nehmen Sie ganz bewusst ein paar tiefe Atemzüge.
Nehmen Sie wahr, welche Gefühle jetzt auftauchen. Wie fühlt sich der Körper nun an?

Diese Übung kann uns helfen, unsere Empfindungen immer wieder liebevoll zu betrachten. Uns klar zu werden, was wir fühlen, während wir beispielsweise einen Film sehen. Sie können damit experimentieren, den Blick, während sie auf den Bildschirm schauen, gleichzeitig immer mal wieder nach innen zu richten. Was spricht Sie gerade an? Lassen Sie die Wahrnehmung einfach stehen. Versuchen Sie nicht, etwas zu verändern.

Wir neigen dazu, Gedanken und Gefühle, die uns unangenehm sind oder nicht in unser Selbstbild passen, in eine ›bessere‹ Form bringen zu wollen. Wir betrügen uns selbst, indem wir uns die Dinge so zurechtlegen, wie sie uns passen. Wir haben die Bestellung nicht aufgegeben, weil uns die Gier nach Süßigkeiten gepackt hat, sondern weil die Vorräte wirklich zu Ende waren. Ein willkommener Freibrief für unsere Handlung.

Nehmen Sie für einen Moment die Impulse wahr, die auftauchen, ohne sie zu bewerten oder einzugreifen. Beobachten Sie, wie sie über kurz oder lang wieder verschwinden.

Serien, Binge-Viewing, die Sucht nach mehr – was Filme und Bilder verändern

Die digitale Verfügbarkeit von Filmen und Videos hat ein neues Suchtverhalten produziert. Früher war es schlicht nicht möglich, alle Folgen einer Serie hintereinander zu sehen. Heute können wir Stunden in einer Serienwelt verbringen. Es gibt sogar ein Wort dafür: Binge-Viewing. Eine spezielle und durchaus häufige Variante von gierigem Verlangen. Was treibt uns hier an? Wir versinken in einer Welt mit Themen, Menschen und Interaktionen. Die filmische Wirklichkeit ist voller interessanter Charaktere, mit denen wir uns identifizieren können. Das Drehbuch überrascht uns mit ungewöhnlichen Handlungssträngen. Diese beiden Elemente fesseln uns.

Interessant an Serien ist auch, dass sie unabhängig vom kulturellen Hintergrund von vielen Menschen begeistert gesehen werden. Auf diese Weise werden nebenbei Werte und kulturelle Haltungen transportiert, faszinierende Innenseiten der Globalisierung. Aber welche Mechanismen fesseln uns so stark, dass wir über Stunden und Tage einem Serienstrang folgen? Cliffhanger am Ende einer Folge erhöhen die Spannung, das Geschehen nimmt erneut Fahrt auf. Ein neuer Handlungsstrang beginnt oder ein alter, der schon lange nach Auflösung ruft, wird endlich fortgesetzt. Damit entsteht in unserem neuronalen Netzwerk eine Neu-Gier, der wir uns schlecht entziehen können. Wir verlieren uns in der virtuellen Welt, nehmen Anteil, sind gefesselt. Gefesselt im Wortsinn, wir spüren den Drang, den Handlungen immer weiter zu folgen, sind unfähig, uns vom Bildschirm zu lösen.

Unser Unbewusstes reagiert mit intensiven Gefühlen auf emotionale Bildinhalte. Durch Bilder sind wir außerordentlich stark beeinflussbar. Wenn wir uns so intensiv in die Bilderwelt versenken, hört unsere ungeordnete Denktätigkeit auf. Für einen Moment ist Stille im Kopf. Das Denken schweigt, das Ego tritt in den Hintergrund. Auf die meisten Menschen wirkt das sehr entspannend. Durch diesen angenehmen Effekt steigt die Neigung, weiteren Serien zu folgen. Wo ist das Problem? Könnte man einwenden. Die Schattenseite ist, dass unsere eigenen Erfahrungen und Gefühle durch die faszinierenden Serieninhalte verdrängt werden.

Ist Ihnen schon mal aufgefallen, dass ein Thriller Sie bis in Ihre Träume verfolgt und Sie nachts vor Unbekannten fliehen oder aus einem Fester springen, um sich zu retten? Serien versprechen einen Fluchtweg aus den eigenen Verstrickungen. Und sie laden ein, die Perspektive zu wechseln und die Welt für eine begrenzte Zeit mit den Augen von anderen zu sehen. Für einen kleinen Augenblick nehmen wir uns selbst nicht mehr so wichtig. Wir nehmen an etwas teil, das über uns hinausreicht. Kein Wunder, dass diese Effekte dazu führen, dass wir die Serie immer weitersehen wollen.

Wenn wir nun kurz innehalten und uns selbst spüren, können wir Reaktionsmuster ergründen, die bestimmte Inhalte in uns auslösen. Welcher Konflikt nimmt uns am meisten mit? Welche Angst lässt uns erstarren? Bei welchen Szenen fiebern wir am stärksten mit? Wenn wir uns dafür interessieren, wo die stärkste innere Resonanz ist, können wir erkennen, was uns gerade beschäftigt und wichtig ist. Welche Probleme stehen im Vordergrund, die Sie bisher nicht wahrgenommen haben oder nicht wahrhaben wollten? Diese Fragen können Sie nutzen, um mehr in Kontakt mit sich selbst zu kommen. Welche Handlungsstränge eines Films spiegeln sich in Ihren Empfindungen? Innehalten und den Gefühlen nachspüren ist ein wichtiger Schritt, um aus der Gier auszusteigen und größere innere Freiheit zu erlangen.

Aus der Gier aussteigen, an digitalen Verlockungen wachsen

Auch im Umgang mit unseren Wünschen können wir die virtuelle Umgebung nutzen. Gierige Impulse lassen sich im virtuellen Raum viel einfacher beherrschen. Anhalten. Wenn wir uns plötzlich nachmittags durch einen Werbeblog animiert fühlen, eine Flasche Wein zu trinken, obwohl wir am Schreibtisch sitzen und um diese Tageszeit normalerweise keinen Alkohol konsumieren, sollten wir für einen Moment nachspüren. Was passiert gerade? Nicht handeln, nur beobachten, was geschieht. Über kurz oder lang verschwindet der Impuls. Die Kunst besteht darin, der Gier so lange zu widerstehen, bis sie von allein verschwindet. Je häufiger wir kurz innehalten, desto besser können wir Verführungen widerstehen.

Wenn wir es schaffen, dem durch Werbung und Bilder ausgelösten Bedürfnis nicht zu folgen, lernt das Gehirn nach und nach, dass es den Kuchen oder die Zigaretten nicht wirklich braucht und die von Gier getriebenen Impulse nach einer Weile von selbst wieder verschwinden. Es ist natürlich viel einfacher, diese Übung am Schreibtisch sitzend vorzunehmen, als wenn wir gelangweilt auf dem Sofa chillen. Dann sind wir viel eher bereit, uns von digitalen Angeboten einfangen zu lassen. Wenn wir in virtuellen Szenarien immer wieder üben, Impulsen nicht zu folgen, können wir das auch in der Alltagsrealität. Dem Impuls, eine Zigarettenpackung aufzureißen, nicht folgen, sondern abwarten. Erkennen, dass das Verlangen genauso wieder verschwinden kann, wie es aufgetaucht ist. Wenn wir uns auf unsere Gefühle und die Körperwahrnehmungen konzentrieren, ohne sie verändern zu wollen.

Wenn das für Sie gerade sehr schwierig ist, können Sie den Geist auf etwas anderes lenken. Etwas anderes tun, sich bewegen, einen Artikel mit voller Aufmerksamkeit lesen oder einfach nur den Atem wahrnehmen und sonst nichts. Vielleicht taucht ein Gefühl von innerer Leere und Unruhe auf. Halten Sie diesen unangenehmen Zustand ein paar Atemzüge aus, ohne gleich zum Kühlschrank zu laufen. Wenn Sie etwas geübt sind, können Sie auch mutig den Fokus Ihrer Aufmerksamkeit auf das Bedürfnis nach einer Zigarette, dem nächsten Like, der nächsten Spielrunde oder dem Kuchenstück lenken. Richten Sie Ihre

Aufmerksamkeit voll und ganz auf Ihre Gefühle und Körperempfindungen.

So können Sie in kleinen Schritten neugierig erforschen, was Sie wirklich brauchen. Wo Sie das Gefühl haben, dass Ihnen etwas fehlt. Unsere Handlungen werden viel zu oft unbewusst gesteuert, wir sind im Autopilot-Modus. Oft erkennen wir erst, nachdem wir etwas getan haben, welche Auswirkungen unser Handeln hat. Betrachten Sie ab und zu Ihren Suchverlauf. Wohin haben Sie sich treiben lassen? Widerstehen Sie immer mal wieder dem Impuls, sofort zu antworten, etwas zu bestellen, sich ein Glas Wein einzuschenken. So durchbrechen Sie den Kreislauf der Gier, des unkontrollierten Nehmens.

Auch Computerspiele können ein Übungsfeld sein, den inneren Impulsen nachzuspüren. Wenn wir immer wieder kurz anhalten, betrachten, was uns motiviert, fühlen, wie es uns gerade geht. Wenn wir in einem Spiel besonders leidenschaftliche Sammler sind, sollten wir auf das Wohlgefühl achten, das durch die Hormone in uns ausgelöst wird. Unsere Spielfigur verhält sich gierig, wir genießen die Endorphine im Körper. Das motiviert uns zum Weiterspielen. Wenn wir ganz konzentriert im Spiel versunken sind, hört auch der ermüdende innere Gedankendialog für einen kurzen Moment auf. Dann fühlen wir uns entspannt. In diesem Zustand tauchen innere Anteile von uns auf, zu denen wir sonst nicht so viel Kontakt haben, sie bekommen einen kleinen virtuellen Raum.

Wenn wir nun einen Blick in uns selbst wagen, können wir erkennen, was uns gerade fehlt. Welcher Anteil von uns durch das Spiel Bestätigung erfährt. In diesem entspannten Zustand kann das Aggressionsniveau sinken. Leider hält die Entspannung nur kurze Zeit. Dann brauchen wir den nächsten Kick. Wir füttern unsere Gier immer weiter. Spiele können auch Adrenalinschübe auslösen, die wir ebenfalls als Kick empfinden. Wir fühlen uns aufgekratzt und energiegeladen durch körpereigene Drogen. Auch hier taucht das Bedürfnis nach mehr, die Gier, rasch wieder auf. Diese anregenden Hormonkicks werden durch das Spiel ausgelöst. Der Impuls kommt von außen. Wirksam sind die Hormone natürlich nur in unserem Inneren. Es sind unsere Gefühle, die getriggert werden. Brauchen wir diesen äußeren Impuls überhaupt? Durch die Übungen in diesem Buch können Sie lernen, ohne den Kick eines Spiels in Ihre Kraft zu kommen oder sich zu entspannen. Diese Effekte wirken deutlich länger und tiefergreifend als der kurze Glücksrausch während eines Computerspiels. Wenn Sie in dieser Weise üben, können Sie auch ohne Suchtgefahr ein Spiel genießen und sich daran erfreuen.

Wir können noch andere Einblicke in unser Inneres gewinnen. Wenn wir zum Beispiel eine Vorliebe für Kampfspiele haben, können wir einen Moment zurücktreten und den archaischen Krieger in uns entdecken. Er ist immer da. Nur deshalb fühlen wir uns von manchen Spielen und Filmen besonders angezogen. An der Wahl unserer Spielthemen können wir unsere persönlichen Vorlieben erkennen. Was ist das für ein Anteil in uns, der kämpft, fiebert, auf keinen Fall verlieren will? Wieder blicken wir in einen digitalen Spiegel. Vielleicht können wir archaische Handlungsmuster erkennen. Auch wenn bei einem Spiel niemand zu Schaden kommt, so geht es doch um Leben und Tod, Vernichtung und Untergang. Unter unserer Oberfläche lauert der Krieger. Wenn wir uns für ihn interessieren, können wir auf seine Kraft und Energie zugreifen, die unsere ist.

Wenn wir vollkommen akzeptieren, dass der Krieger ein Teil von uns ist. Dass in uns ein kriegerischer, kämpferischer Anteil schlummert. Der Krieger sind immer wir. Sonst wäre das Spiel längst nicht so fesselnd. Wir halten im Laufe einer Spielsequenz kurz inne, kommen mit uns selbst in Kontakt. Geben dem inneren Wesen in uns einen Raum. Verbinden uns mit dem entschlossenen Krieger oder dem gierigen Sammler in uns. So lernen wir nach und nach verschiedene Anteile von uns besser kennen. Plötzlich durchbrechende impulsive Handlungen, ob im Spiel oder im realen Alltag, werden seltener, wenn wir unsere Persönlichkeitsanteile besser kennen und akzeptieren. So können uns Spiele auf dem Weg der inneren Transformation unterstützen.

Wenn der Drang weiterzuspielen so stark wird, dass wir nicht einfach aussteigen können, obwohl Freunde uns zum Essen rufen, sollten wir stutzig werden. Dann sind Sucht- und Belohnungszentren aktiv. Wir sind nicht mehr Herr im eigenen Haus. Über Spiele, bei denen immer neue Waffen und Fähigkeiten gekauft werden, sollten wir kritisch nachdenken. Was ist der wirkliche Antrieb hinter dem Bedürfnis, immer mehr Gegenstände anzuhäufen? Geht es wirklich um Entspannung? Oder leiden wir schon unter einem inneren Zwang, immer mehr zu bekommen? Manchmal spielen wir weiter, obwohl die Müdigkeit uns schon übermannt. Wenn Sie das wahrnehmen, steigen Sie aus dem Spiel aus. Gehen Sie schlafen oder spielen Sie ganz bewusst nur noch eine Runde und setzen Sie sich ein zeitliches Limit.

Wenn wir genauer hinsehen, was uns antreibt, weiterzuspielen, landen wir oft bei unangenehmen Gefühlen, die wir gern verdrängen. Trauer, Angst, Unruhe, ein Gefühl der inneren Leere. Diesen Gefühlen sollten wir nicht ausweichen, die Unruhe nicht mit Nahrung oder Alkohol kurzzeitig befriedigen. Schon der Gedanke, gleich eine halbe Tafel Schokolade zu essen oder noch eine Runde zu spielen, wirkt wie ein Wundpflaster. Doch das Pflaster ist verhext. Das unter dem Heißhunger auf Süßigkeiten oder unter dem unbändigen Spielwunsch liegende Gefühl von innerer Leere oder Unruhe wird überdeckt, aber die Wunde schließt sich nicht. Das Pflaster der Gier führt nicht zur Heilung, wir fallen zurück in unbewusste Handlungsmuster. Werden dicker und verirren uns weiter in die Unfreiheit des süchtigen Verhaltens. Wenn wir dies erkennen, sind wir schon ein bisschen ausgestiegen.

Jetzt nicht weiterspielen. Ganz bewusst eine Pause einlegen. In uns hineinhorchen, welche inneren Stimmen auftauchen, wenn wir eine Spielpause einlegen. Oft melden sich widerstreitende Stimmen, die uns einflüstern wollen, dass es doch kein Problem sei, weiterzuspielen. In diesem Moment können wir unsere Willenskraft einsetzen und erst mal nichts tun. Wenn uns das gelingt, nutzen wir die virtuelle Umgebung nicht nur zur Entspannung, sondern als Möglichkeit, etwas über uns zu erfahren. Zu merken, dass wir keineswegs Spielball unserer Gefühle und Impulse sind, ist ein erster Schritt zu mehr Autonomie und Freiheit.

Von der Gier zur Großzügigkeit

Großzügigkeit gilt nicht nur im Buddhismus als Tugend. Großzügigkeit lässt Beziehungen gedeihen und wachsen, Kleinlichkeit führt zu Enge und Konflikten. Wer nicht freimütig geben kann, ist meist kein angenehmer Partner oder Freund. Geben ist in der virtuellen Welt einfacher geworden. Wir können Menschen in anderen Ländern etwas geben, ohne zu einer Reise aufzubrechen. Wir müssen noch nicht einmal das Haus verlassen. Es gibt zahlreiche Möglichkeiten, Menschen, Projekte, Initiativen und Institute zu unterstützen. Über Grenzen hinweg können wir Wissen austauschen, unsere Publikationen freistellen und so den Zugang für mehr Menschen öffnen. Wir können Forschungsinstitute und Museen unterstützen und an deren Online-Sammlungen, Webinaren und Newslettern teilhaben. Wir können unser Wissen und unsere Fähigkeiten mit anderen teilen und wiederum an deren Wissen teilhaben.

Natürlich wird auch Fragwürdiges geteilt. Am häufigsten werden bei YouTube Katzen- und Pornovideos angeklickt. Was sagt das über unseren kollektiven mentalen Zustand aus? Doch das Netz ist auch eine unerschöpfliche Fundgrube für praktische Tipps. Wer ein Rezept sucht, über einer Bewerbung verzweifelt oder ein Computerproblem hat, recherchiert erst mal im Netz und wird meist fündig. User teilen ihre Erfahrungen beim Einrichten einer Website, beim Programmieren, beim Hausbau, bei Jobverlust. Die Tipps zur Jobsuche im Netz erreichen weit mehr Menschen als die Berufsberatungsstunde der Arbeitsämter.

Wir sind nicht mehr darauf angewiesen, jemanden in unserem Umfeld zu kennen, der kompetent ist. Wir können aus einer Fülle von Informationen schöpfen, vergleichen, über den Tellerrand blicken. Gezielte Recherchen können sehr inspirierend sein und helfen, den eigenen Weg zu einem neuen Job zu finden oder ein Hausmittel, das gegen Blasenentzündung hilft.

Aber Vorsicht! Die Algorithmen der Suchmaschinen, die Vorschläge der Videoportale engen die Wahlmöglichkeiten, die in der Theorie unendlich sind, in der Praxis drastisch ein. Aus Mainstream-Pfaden ausbrechen können wir, wenn wir eine Suchanfrage neu und anders formulieren. Machen Sie sich doch einmal den Spaß und suchen nach etwas, das Sie nicht wirklich interessiert, vielleicht völlig unsinnig ist oder Sie gar nicht betrifft. Und manchmal findet sich durch diese verrückte Art des Suchens plötzlich eine neue Idee, ein innovatives Konzept, eine nicht gedachte Entwicklungsmöglichkeit. Natürlich kann es auch zu unangenehmen Nebenwirkungen kommen, wenn ein Algorithmus sich in der neuen Suchstrategie festgefressen hat. Wir erhalten dann tagelang Stellenanzeigen für Jobs, die wir nicht suchen oder Kleidung, die wir nicht tragen möchten. Auf diese Weise erfahren wir direkt, wie stark Algorithmen uns einengen und wie wir sie gleichzeitig beeinflussen können.

Welche Inhalte möchten Sie wirklich teilen? Diese Frage sollten Sie sich immer mal wieder stellen. Würden Sie das, was Sie gerade teilen möchten, Ihren Kindern auch noch in zehn Jahren zeigen? Wenn wir etwas teilen möchten, sollten wir gut überlegen, wie wir die Menschen, denen wir etwas mitteilen möchten, erreichen können. Welche Sprache und welche Bilder wählen wir? Genau diese Fragen stellen sich professionelle Influencer, Künstler und Schriftsteller. Auch wenn wir weder Influencer noch Autor sind, so können wir doch alle unsere Erfahrungen teilen und unser Wissen weitergeben. Wenn wir Influencern folgen, sollten wir uns klarmachen, dass deren Blogs nicht wirklich unabhängig und kostenfrei sind. Oft werden sie durch subtile Werbung finanziert. Productplacement. Wenn wir selbst diesen Weg gehen, sollten wir achtsam sein, dass unsere Großzügigkeit nicht zu einer verkappten Art der Gier wird. Formate wie Wikipedia, die Informationen kritisch prüfen, sind wichtige Instanzen im Netz. Diese großzügig zu unterstützen hilft vielen Menschen.

In unserer vernetzten Welt ist es viel einfacher geworden, für Projekte zu spenden. Wir können uns direkt ansehen, wofür wir spenden, und häufig auch verfolgen, was mit unserer Spende geschieht. Ohne kostenaufwändige Organisationen. Das eröffnet auch für kleinere Projekte und Non-profit-Organisationen neue Möglichkeiten. Wir sollten allerdings immer kritisch prüfen, ob das Projekt wirklich existiert. Es gibt es inzwischen auch Potemkinsche Projekte, die nur virtuell existieren. Dort nutzt unsere Spende womöglich nur der Finanzierung des aufwendigen Lebensstiles einer Person oder Familie. Wenn wir großzügig sind, öffnen wir gemeinsam mit vielen Menschen neue Gestaltungsräume. Und wir nehmen etwas mit, das Gefühl, etwas Sinnvolles getan zu haben.

Der Schlüssel zur nachhaltigen Transformation – uns selbst annehmen

Wenn wir gieriges Verhalten nachhaltig verändern wollen, müssen wir zunächst lernen, uns selbst so anzunehmen. wie wir sind. Wie Sie Computerspiele nutzen können, um innere Anteile zu erkennen und anzunehmen, haben Sie bereits erfahren. Wenn uns im Netz etwas geschenkt wird, nehmen wir das in der Regel freudig an. Likes, die wir auf einen Post erhalten haben, eine Videobotschaft von Freunden, Aufmerksamkeit. Das fällt uns in der Regel leicht. Uns selbst anzunehmen und uns liebevoll in den Arm zu nehmen fällt uns oft deutlich schwerer. Zu erkennen, dass wir bereits reich beschenkt sind, weil wir leben, ist eine tiefe Einsicht, die Gier eindämmen kann. Allerdings reicht es nicht, wenn wir uns nur intellektuell klarmachen, dass das Leben ein Geschenk ist. Wir müssen es auf einer tiefen Ebene erfahren.

Es liegt an uns, wie wir mit Hindernissen und Schwierigkeiten umgehen. Mit Pings aus dem Netz und dem, was wir im digitalen Spiegel erkennen können. Mit uns selbst freundlich umzugehen, uns vollkommen anzunehmen, fällt uns oft schwer. Besonders, wenn wir Seiten an uns entdecken, die wir nicht schmeichelhaft finden. Nur wenn wir vollkommen akzeptieren, wie es uns gerade in diesem Augenblick geht, können wir uns verändern. Solange wir mit uns ringen, unsere Wut loswerden wollen, unsere Gier nicht erkennen können, ist eine nachhaltige Veränderung nicht möglich.

Akzeptanz ist der Schlüssel zur Veränderung. Das klingt zunächst paradox. Wäre es nicht näherliegend, unangenehme Gefühle einfach abzuschneiden, wegzusperren, zu ignorieren? Doch das funktioniert nicht. Alles, was wir wegschieben, wird nur noch stärker. Dann tauchen die Gefühle mit größerer Wucht an anderer Stelle wieder auf. Auch etwas absolut nicht haben zu wollen ist ein Ausdruck der Gier. Uns selbst anzunehmen bedeutet auch, unser Äußeres und Inneres liebevoll zu betrachten. Uns nicht im Zerrspiegel von Instagram-Pseudorealitäten anzuschauen, sondern so, wie wir tatsächlich sind. Ungeschminkt. Die Schönheit in uns selbst erkennen und annehmen und liebevoll akzeptieren, was dem gängigen Schönheitsideal vielleicht widerspricht. Wie geht es Ihnen, wenn Sie in den Spiegel schauen? Können Sie das, was Sie sehen, liebevoll annehmen? Nur wenn wir uns mit allem annehmen und versöhnen, auch mit unseren schwierigen Seiten, können wir problematische oder unheilsame Verhaltensweisen transformieren.

Übung 6

Glück und Liebe entwickeln

Suchen Sie sich einen ruhigen Platz. Setzen Sie sich auf einen Stuhl oder ein Kissen. Beginnen Sie wieder damit, Ihren Körper wahrzunehmen. Spüren Sie nach, wie es Ihnen gerade geht.
Öffnen Sie sich für die Gefühle, die auftauchen. Auch die schwierigen und schmerzhaften Gefühle dürfen einfach da sein.
Lenken Sie die Aufmerksamkeit auf den Atem. Spüren Sie beim Einatmen die schwierigen Gefühle. Vielleicht können Sie sich vorstellen, dass Sie sich wie eine liebende Mutter

in den Arm nehmen. Entspannen Sie sich beim Ausatmen, schenken Sie sich selbst ein Lächeln.
Bleiben Sie eine Weile in diesem Rhythmus. Einatmend die schwierigen Gefühle spüren und liebevoll in den Arm nehmen, ausatmend entspannen und sich selbst ein Lächeln schenken. Betrachten Sie sich selbst voller Liebe.
Lassen Sie die schwierigen Gefühle los.

Wenn Sie eine Weile geübt haben, Ihre Gefühle und Schwierigkeiten liebevoll anzunehmen, können Sie die Übung nach und nach mit jeder Ausatmung auf Ihre Umgebung ausdehnen. Nach und nach können Sie mit jedem Einatmen die schwierigen Dinge in Ihrem Umfeld aufnehmen und beim Ausatmen Liebe und Wärme verströmen. Bis die schwierigen Dinge im Umfeld ihre Schärfe verlieren. Wenn es sich richtig und gut anfühlt, können Sie die Übung immer weiter ausdehnen. Mit jedem Einatmen Schwierigkeiten annehmen, mit jedem Ausatmen Glück und Liebe allen zuteilwerden lassen.

Ich atme ein, ich lebe, ich atme aus und lächle.

Diese Übung hilft, schwierige Situationen anzunehmen und diese mit jedem Ausatem liebevoll loszulassen. Wir konzentrieren uns auf den Atem und lächeln uns und vielleicht auch anderen zu. Wenn wir ganz in dieser Übung angekommen sind, gibt es keine Geister der Vergangenheit, die ihre Schatten in die Zukunft werfen. Da sind nur der Atem und unser Lächeln. Dann können wir aus ganzem Herzen uns selbst und allen Menschen etwas Gutes wünschen. Nach und nach wird es stiller, innen und außen.

Stille heilt

Lassen Sie sich immer wieder in die Stille zwischen Gedanken und Gefühlen fallen. Verweilen Sie dort, und wenn es nur für einen kurzen Augenblick ist. Stille kann auch mitten im Tun entstehen, wenn wir sehr fokussiert an etwas arbeiten, ohne uns in Gedanken zu verstricken. Alles, was aus diesem Zustand entsteht, ob es ein Text, ein Musikstück oder ein Vortrag ist, hat eine andere Tiefe. Im Flow-Zustand sind wir nicht mehr Getriebene unseres Autopiloten, wir sind eins mit unserem Tun. Was und wer wir tief in unserem Inneren wirklich sind, scheint hindurch. Es wird sichtbar in unseren Bildern, Texten und Blogs. Wir können uns damit immer wieder verbinden, auch wenn wir den Kontakt zu diesem inneren Kern, unserer Intuition, unserem Wesen zwischendurch wieder verlieren.

Alles, was wir aus einer inneren Stille schreiben und teilen, wird auch von unseren Followern und Freunden anders wahrgenommen. Die Botschaft in unseren Posts trägt dann einen inneren Frieden in sich, der in der Metaebene des Texts und in der Auswahl der Bilder mitschwingt. Wir teilen so unseren Augenblick der Stille mit den Menschen im Netz. Dadurch verändert sich auch der Content und das, was ein Algorithmus finden und erkennen kann. So entsteht ein kleiner Shift. Großzügig geben. Dinge, die uns berührt haben, teilen. Dinge weiterschicken, von denen wir wissen, dass sie dem Empfänger Freude bereiten, ihn berühren ohne die Erwartung, etwas zurückzubekommen.

Wenn wir etwas angenommen oder angeklickt haben, das uns schadet, uns aufregt, uns nicht wirklich entspricht, sollten wir dies erst einmal in der Stille stehen lassen. Wenn wir im Anschluss unseren Verstand nutzen, um zu verstehen, was gerade geschehen ist, können wir oft ein Verhaltensmuster entdecken, das tief in uns verankert ist. In der Lücke zwischen den Gedanken verlieren die Muster ihre Macht und relativieren sich. Deshalb ist es wichtig, dass wir Raum für uns selbst und stille Momente schaffen. Wir können auch darauf achten, Menschen, die uns verletzen und in schwierige Situationen bringen, zu meiden.

In einem digitalen Umfeld ist das natürlich viel leichter als in der analogen Welt. Das muss uns jedoch nicht davon abhalten, es immer wieder zu versuchen. Das Unheilsame zu meiden ist eine wichtige Übung. Eine Pseudofreundschaft beenden, Nachrichten ungelesen löschen, den Kontakt blockieren. Das ist in der digitalen Welt möglich. Es ist wichtig zu erkennen, wer und was uns schadet. Wenn wir solche Kontakte beherzt beenden, verändert sich die Textur des Netzes. Immer, wenn wir das Unheilsame erkennen und danach handeln, verändern auch wir uns und kommen dem näher, was wir wirklich sind. Daraus entwickelt sich tiefes Mitgefühl mit uns selbst und unseren Mitmenschen.

Der Kern

Im digitalen Spiegel können wir unsere Gier und unsere Reaktionen betrachten.

Unser Wissen großzügig teilen.

Nur nehmen, was wir wirklich brauchen.

Die neuen Möglichkeiten zu geben und Menschen zu unterstützen, nutzen.

Uns selbst zutiefst annehmen.

Wenn wir uns in dieser Weise durch das Netz bewegen, werden wir es auf heilsame Weise verändern.

KAPITEL 4

Augenhöhe

Hinter dem Spiegel
Seh mich in deinen Augen
Wildfremde Schönheit

Wir wollen uns auf Augenhöhe begegnen. Wie gut dieser Satz klingt. Wie leicht und oft er ausgesprochen wird. Und doch ist nicht immer klar, was genau damit gemeint ist. Für viele Menschen bedeutet es, dass sie selbst die Augenhöhe festlegen und Augenhöhe nur dann möglich ist, wenn die anderen sich ihrer Sichtweise anschließen. Mit echter Augenhöhe hat das nichts zu tun. Sie setzt gleichberechtigte Diskussionspartner voraus, die sich kontrovers oder harmonisch austauschen und ihre jeweiligen Positionen respektieren. Die die Meinung ihres Gegenübers als ebenbürtig erachten, was nicht bedeutet, sie inhaltlich zu teilen. Nur so können neue Ideen geboren werden. Manchmal ist es schon aus physischen Gründen nicht leicht, auf Augenhöhe zu kommen. Groß gewachsene Menschen werden als kompetenter wahrgenommen, unabhängig davon, was sie inhaltlich sagen. Sie empfinden sich auch häufig selbst als überlegen. Hier wirken archaische Muster, die dem Stärkeren mehr Rechte geben. Um auf Augenhöhe mit großen Männern zu kommen, ist es für Frauen, wie ich aus eigener Erfahrung weiß, überaus hilfreich, High Heels zu tragen. Sie können ein Gespräch mit einem schwierigen Gegenüber deutlich vereinfachen.

Unsere Körperhaltung bestimmt ebenfalls, ob wir als ebenbürtig wahrgenommen werden. Das gilt in analogen Meetings ebenso wie in virtuellen Räumen. Denn unsere Haltung verändert unsere Stimme und unsere Ausdrucksweise. Es macht einen großen Unterschied, ob wir dem anderen direkt in die Augen schauen oder dem Blick ausweichen, ob wir uns klar darüber sind, was unser Fokus ist und wie wir wirken wollen, oder ob wir innerlich schwimmen. In einer Videokonferenz ist es leichter, das Umfeld im eigenen Sinne zu gestalten. Wir sind nicht an die Sitzordnung eines klassischen Meetings gebunden, die gleichzeitig eine Hackordnung ist. Wir können selbst festlegen, wie wir sitzen, in welchem Winkel die Kamera uns aufnimmt. Dies hat großen Einfluss auf das Gespräch. Amy Cuddy (https://youtu.be/Ks-_Mh1QhMc) (17) hat in eindrucksvollen Studien untersucht, inwieweit die Körperhaltung beeinflusst, wie wir wahrgenommen werden. Unsere Köperhaltung beeinflusst, wie wir uns fühlen. Wenn Sie Ihre Körperhaltung bewusst verändern, verändern Sie damit die Art und Weise, wie Sie mit anderen umgehen und andere mit Ihnen.

In virtuellen Konferenzen, im zeitlich versetzten Austausch von Blogs, Mails und Kommentaren, verändern sich die Rahmenbedingungen eines Austauschs. Anders als im analogen, persönlichen Kontakt sind in virtuellen Begegnungen körperliche Statur, Ausstrahlung und Haltung nachrangig. Einerseits bietet das die Chance, tatsächlich auf Augenhöhe zu kommunizieren, andererseits birgt der virtuelle Austausch auch Risiken und verunsichert. Es ist uns wichtig, den Gesprächspartner sehen zu können. Weil wir dadurch viele nonverbale Informationen erhalten, die mindestens so wichtig sind wie das, was gesagt wird. Wie ehrlich meint es unser Gegenüber wohl? Was ist der Metainhalt des Gesprächs? Worum geht es eigentlich? Wie vertrauenswürdig ist das Gegenüber? Welche soziale Stellung hat der Verhandlungspartner? Hier gibt es oft Missverständnisse zwischen Männern und Frauen. Frauen konzentrieren sich stark auf die Sachargumente, Männer eher auf die Metaebene.

Deshalb ist es in Gesprächen wichtig, die untergründige Schwingungsfrequenz der Metaebene wahrzunehmen und das ganze Gesprächssetting wirken zu lassen. Auf dieser Ebene sind wir unbewusst oft tief mit unserem Gegenüber verbunden. Diese non-verbale Schwingungsebene ist sogar über Distanzen, in zeitversetzten Dialogen und in digitalen Netzwerken spürbar. Wir nehmen den anderen wahr, so wie er uns gerade begegnet. Das ist gerade in virtuellen Konferenzen durchaus herausfordernd. Deshalb lohnt es sich, etwas Zeit in eine kleine Übung zu investieren. Einmal wirklich hinschauen, unsere Wahrnehmung schulen. Uns immer mal wieder mit den Augen des anderen betrachten und eine klare Haltung einnehmen.

Übung 7

Nur sehen

Setzen Sie sich aufrecht hin oder stellen Sie sich fest auf beide Füße. Spüren Sie Ihre Füße auf dem Boden. Betrachten Sie mit entspanntem Blick das erste Objekt, das Sie erkennen können. Diese Übung funktioniert auch mit einem Bild auf einem elektronischen Device. Schauen Sie das Bild oder den Gegenstand in Ihrem Blickfeld mit weichem Blick an, stellen Sie den Blick nach und nach schärfer. Schenken Sie nacheinander verschiedenen Details Ihre volle Aufmerksamkeit. Versenken Sie sich immer tiefer in den Gegenstand. Ein paar Minuten lang nur sehen und alle anderen Sinneswahrnehmungen in den Hintergrund treten lassen.

Dann können Sie sich allmählich von Ihrem engen Fokus

lösen und Ihr gesamtes Blickfeld nutzen. Auch die Dinge am Rand Ihres Blickfeldes wahrnehmen, ohne die Augen zu bewegen. Dann die Augen kurz schließen, wieder öffnen und die Welt in Augenschein nehmen.

Eine kleine Reise an die Ränder Ihrer Sehwahrnehmung kann Erstaunliches bewirken und Ihren Blick auf sich selbst und die Welt verändern. Wenn Sie sich vollkommen in das Sehen versenken, können Sie eine Verbindung mit dem betrachteten Gegenstand oder Bild wahrnehmen und erkennen, dass Sie nicht nur mit den Augen sehen. Was Sie auf diese Weise erfahren, geht weit über den Sehsinn hinaus.

Gespräche in der virtuellen Welt sind heute auch völlig losgelöst von unseren üblichen Verbindungen möglich. Inzwischen gibt es schon virtuelle Konferenztools, deren Teilnehmer Avatare sind. Das ermöglicht den Teilnehmern die Chance, sich eine neue Identität für ein Meeting zuzulegen mit einer selbst gewählten äußeren Erscheinung, die eine non-verbale Botschaft vermittelt. Alter, Geschlecht und kulturelle Herkunft sind zweitrangig. Computerspiele finden so Eingang in die Arbeitswelt. Wenn die Kommunikation über Avatare funktionieren soll, muss unser reales, analoges Wesen allerdings fähig sein, die neue Identität vollkommen zu unterstützen. Ähnlich wie bei Agenten, die sich eine neue Vita zulegen und sich mit dieser identifizieren müssen, um glaubwürdig zu sein. Diese virtuelle Scharade kann neue Möglichkeiten eröffnen. Allerdings nur, wenn wir uns vollkommen bewusst sind, wer wir sind, und welche Ziele wir in einem Austausch verfolgen. Welchen Teil unserer Agenda soll der Avatar spiegeln?

Wir können uns neu definieren. Die Frage, wer wir wirklich sind, wird in diesem Setting einmal anderes gestellt. In einem männlich dominierten Umfeld können Frauen mit einem männlichen Avatar Hindernisse umgehen, die in der analogen Welt nicht so leicht zu überwinden sind. In echten Meetings können die Frisur, die Kleidung, die Art, wie eine Frau den Kopf neigt, sie in Bruchteilen von Sekunden in eine Schublade befördern, aus der sie so schnell nicht wieder herauskommt. Mit Avataren können wir Vorurteilen aus dem Weg gehen oder neue schaffen. Wir können uns eine Form und Haltung geben, die unserem Wunsch entspricht, wie wir gesehen werden wollen.

Das klingt einerseits verlockend und andererseits beängstigend. Wollen wir in einem solchen virtuellen Setting, in dem jeder sich eine Identität erfindet, tatsächlich miteinander verhandeln? Wie soll Vertrauen entstehen, wenn keiner wissen kann, mit wem er es tatsächlich zu tun hat? Diese Risiken können wir in Chatrooms leicht beobachten. Hier wird Augenhöhe manchmal vorgegaukelt. Alte Männer geben sich als Dreißigjährige aus. Bisher haben sich Konferenztools mit Avataren nicht wirklich durchgesetzt. Auch, weil es kaum möglich ist, sich in einem solchen Setting verbunden zu fühlen. Verbunden zu sein ist jedoch eine wichtige Grundlage, um die tieferen Gesprächsebenen beurteilen zu können. Nur durch Verbundenheit kann Augenhöhe entstehen.

Vorteile könnten solche Tools haben, wenn wir uns in verschiedenen kulturellen Umgebungen bewegen. Dann könnte ein gut programmierter Algorithmus den ideal zum Umfeld passenden Avatar schaffen und so Irritationen und Konflikte vor allem am Anfang vermeiden. Wir müssten uns dann viel stärker auf die kluge Programmierung von Algorithmen verlassen und sie als Universalübersetzer von Gesprächen und Metaebenen in eine andere Kultur akzeptieren. Zu einer derart komplexen Übersetzungs- und Transferleistung sind die mathematischen Algorithmen bislang noch nicht in der Lage. Sie müssen sich also unverändert selbst auf den Weg machen. Die digitale Umgebung kann Ihnen aber als Trainingsfeld für Ihre Wahrnehmung dienen.

Uns in den Augen der anderen sehen

Sprechen wir mit Menschen aus verschiedenen Kulturkreisen, erkennen wir rasch, wie verschieden die Reaktionen auf Gesprächspartner und Gesprächsinhalte sind. Wenn wir uns durch soziale Netzwerke bewegen oder Videos aus anderen Ländern betrachten, können wir viel über andere Kulturen und mindestens ebenso viel über unsere eigene Sichtweise lernen. Weil sich unser eigenes Wertesystem so schnell in den Vordergrund schiebt, verpassen wir oft die Möglichkeiten, die uns die digitale Umgebung bietet. Mit Neugier und Offenheit betrachtet, können Videos aus anderen Ländern ein gutes Training für uns sein, die Haltung von Menschen aus anderen Kulturen zu verstehen. Manche Äußerungen erscheinen uns archaisch. Das Frauenbild ist ein anderes, Familie oder Clan sind weitaus wichtiger als bei uns.

Wenn wir dies klar erkennen, hilft uns das, unseren eigenen Blick und den fremden Standpunkt besser zu verstehen und gelassener zu werden. Diese Erkenntnis hilft auch, wenn wir im beruflichen Umfeld erkennen müssen, dass ein Mitarbeiter aus einem anderen kulturellen Umfeld unsere Art zu arbeiten nicht versteht. Es ist wichtig, die Unterschiede klar zu benennen. Nur dann hat der Mitarbeiter die Möglichkeit, sich zu entwickeln. Dies setzt allerdings auch die Bereitschaft des Mitarbeiters voraus, sich in unsere Welt einzufügen und sich mit unseren Werten und Kommunikationsformen vertraut zu machen. Allein die Erkenntnis, dass beide von unterschiedlichen Wertesystemen ausgehen, ist schon hilfreich und ein erster Schritt, die Diskrepanzen zu überwinden. Klarheit schafft Sicherheit, daraus kann sich Vertrauen entwickeln.

In eine fremde Kultur eintauchen, ein Exkurs

Die Digitalisierung bietet viele Möglichkeiten, über den eigenen kulturellen Tellerrand hinauszublicken. Wir können sie nur nutzen, wenn wir uns nicht von Sprach- und Schriftbarrieren und staatlichen Zensur- und Zugangsbeschränkungen aufhalten lassen. Sie zu überwinden kann die Augen öffnen. Übersetzungsalgorithmen sind ein spannender erster Schritt in fremde Kulturen. Wenngleich viele Übersetzungen krude sind, insbesondere wenn dies anspruchsvolle, philosophische Inhalte betrifft, so lassen sich Stimmung und grober Inhalt eines Textes, eines Videos sehr wohl erfassen.

Die Poesie, die Metaebene eines Textes, die ein herausragender Übersetzer in eine fremde Sprache und Kultur übertragen kann, fehlt allerdings den heutigen Übersetzungsalgorithmen noch. Wenn wir uns häufiger in verschiedenen Sprach- und Kulturräumen bewegen, verändern sich auch die allgegenwärtigen Suchalgorithmen. Wir verändern nicht nur unseren Blick, sondern auch den von Menschen mit ähnlichen Suchanfragen. Trotz aller Unzulänglichkeiten der Algorithmen bieten uns Übersetzungsprogramme die Chance, direkt in eine fremde Kultur, eine unbekannte Sprache, einzutauchen.

Zum Beispiel, indem wir uns Hochzeitsvideos aus anderen Ländern anschauen. Sofort werden unsere Vorurteile aktiv. Wie kitschig. Wie altmodisch. Wie patriarchalisch. Wir sehen, was wir erwarten. Unser Blick ist eingeschränkt. Das zeigt uns, wie schnell wir werten, unsere eigenen Vorurteile bestätigt sehen. Vielleicht gibt auch noch eine andere Sichtweise, wenn wir innerlich einen Schritt zurücktreten, unsere Wertungen im Hintergrund lassen und neugierig und offen auf das schauen, was wir sehen. Wie wir auf ein Video reagieren, sagt oft mehr über uns aus, als über die Protagonisten im Video. Wir blicken in einen fremden Spiegel und sehen uns selbst. Gleichzeitig verändert sich unser Interesse ein wenig, wir nehmen Anteil am Leben der anderen. Wir erfahren etwas, auch wenn wir häufig nicht unterscheiden können, was authentisch und was Propaganda ist.

Was lösen Filme und Posts aus anderen Ländern in uns aus? Was verraten unsere Reaktionen über unsere inneren Wertungen? Unsere Reaktionen und Kommentare auf Videos und Filme kritisch zu hinterfragen, kann ein interessanter Erkenntnisweg sein. Wir können lernen, offener zu werden und gleichzeitig unsere Ethik festigen. Wo geraten wir in die Falle von Vorurteilen? Wo sollten wir innerlich beweglicher und großzügiger werden? Wo ist es angebracht, Position zu beziehen, Grenzen zu setzen, ein problematisches Video zu melden oder, wenn das nicht möglich ist, es zu ignorieren? Wenn grenzwertige Posts und Nachrichten keine Resonanz erfahren, nicht geteilt werden, können sie wenig ausrichten.

Zum ersten Mal in der Geschichte der Menschheit sind Wissen und Information für sehr viele Menschen einfach zugänglich. Es bedarf keiner weiten Reisen, um eine andere Kultur kennenzulernen, keiner Bibliothek, um an Wissen zu gelangen. In den virtuellen Räumen des Netzes, auf unzähligen Servern, wird täglich mehr Wissen gespeichert. Nicht nur Fachwissen, auch Erfahrungswissen, Lebensgeschichten, Filme, Vorträge und Vorlesungen lassen sich finden. Man braucht noch nicht mal einen Computer. Ein brauchbares Telefonnetz und ein Telefon reichen schon, um Bücher zu lesen, Medikamentencodes zu prüfen, in einem sozialen Netzwerk unterwegs zu sein und Wissen auszutauschen.

Für viele Schulkinder in Ländern mit geringem Entwicklungsstand können mobile Telefone der Zugang zu Wissen und ein Ersatz für Bücher und Bibliotheken sein. Dort dient ein Smartphone nicht nur dem Zeitvertreib und der sozialen Vernetzung, es ist aus vielen Unterrichtsstunden nicht wegzudenken. Es ist die digitale Nabelschnur zum Wissen und zur Entwicklung. Es liegt an uns, wie wir die neuen Techniken nutzen. Wissen ist überall und für jeden verfügbar. Wir können uns weltweit vernetzen und Wissen teilen. Allerdings fordert uns das heraus, ganz neue Kompetenzen zu entwickeln. Wir müssen lernen, die Informationen, an die wir kinderleicht gelangen können, kritisch zu prüfen.

Informationen, Vorträge, Videos und Bilder im Netz stellen nur eine Auswahl dar. Sie spiegeln die Perspektive derjenigen, die posten, twittern, Texte einstellen, Forschung veröffentlichen, Wikipedia füttern. Sie stammen von Betreibern von Portalen, Institutionen, Organisationen und Politikern, die ein Interesse an einseitigen Nachrichten haben. Keine Information ist vor Fälschung sicher. Alle angebotenen Informationen werden durch undurchschaubare Algorithmen gefiltert. Talks von selbst ernannten Gurus finden sich direkt neben wissenschaftlichen Vorlesungen. Esoterische Blogs konkurrieren mit kirchlichen Verlautbarungen. Alles so schön bunt hier. Ein Klick genügt, um virtuell ein Kloster in Japan zu erkunden oder ein Museum in Australien.

Einerseits ist die schiere Menge des verfügbaren Wissens im Netz vollkommen unübersichtlich, andererseits bietet die digitale Welt auch die Chance, mehrere Quellen zu befragen und Informationen kritisch zu prüfen. Große Bibliotheken bieten ihre Bestände digital an. So können wir uns intensiv mit politischen, philosophischen und spirituellen Themen auseinandersetzen. Wir können uns über Grenzen hin vernetzen. Informationen und Wissen einer völlig neuen Überprüfung unterziehen. Wer erlebt hat, wie Geschichtsbücher jeweils aus der Sicht eines Herrschers oder Landes umgeschrieben wurden und werden, wird rasch erkennen, dass hier völlig neue Möglichkeiten der Einschätzung von Quellen ruhen.

Was wir in der vernetzten virtuellen Welt sehr deutlich

erfahren können, ist die enge Verbundenheit von allem. Wir erkunden die Welt mithilfe eines Computers und nähern uns ihr von außen. Und gleichzeitig bewegen wir uns mittendrin und hinterlassen durch unsere Art zu suchen Spuren und treten in Kontakt mit Gleichgesinnten, die dasselbe Video liken, denselben Link teilen. Dies schafft eine bisher nie da gewesene Verbindung von Menschen weltweit. Es wird schlagartig sichtbar, dass wir verbunden sind und alles miteinander verbunden ist. Diese Transparenz ist etwas völlig Neues.

Um zu erfahren, dass alles miteinander verbunden ist, mussten Menschen früher lange Pilgerwege gehen, die Wüste durchwandern, sich monatelang in eine Eremitage zurückziehen, ihr weltliches Leben aufgeben und in ein Kloster gehen. Manchmal führte vielleicht auch eine plötzliche Einsicht zur Erfahrung von Verbundenheit. Das World Wide Web lässt uns diese Verbundenheit täglich rund um die Uhr sehen. Doch ist uns wirklich bewusst, was das bedeutet? Nutzen wir das Netz tatsächlich, um uns als Teil eines großen Ganzen zu erfahren und nicht als abgeschottete Einzelwesen? Nutzen wir das Netz wirklich, um unsere Grenzen zu überwinden und Verbundenheit zu erfahren?

Je weniger wir unsere Vorurteile pflegen, je weniger wir in automatisierten Reaktionen feststecken, desto stärker wirkt die Vernetzung und weicht die Grenzen des Egos auf. Wenn wir uns selbst für einen Moment vergessen und unsere Aufmerksamkeit ganz einem anderen Menschen schenken, wenn auch nur virtuell, öffnen und verbinden wir uns. Wenn wir uns dessen bewusst sind. Zenmeister Dogen beschrieb diesen Entwicklungsweg folgendermaßen: »Den Weg zu studieren bedeutet, sich selbst zu studieren. Sich selbst zu studieren bedeutet, sich selbst zu vergessen. Sich selbst zu vergessen bedeutet, sich selbst in allen Dingen wahrzunehmen.« (18)

Zum ersten Mal in der Menschheitsgeschichte haben wir die Chance, in einen kollektiven Austausch zu treten. Über Kulturen und Grenzen hinweg können wir Inhalte transportieren, auch nonverbal. Manchmal breiten sich Lieder, Texte, Filme völlig unerwartet viral im Netz aus. Wenn diese geteilt, verschickt und kommentiert werden, entsteht ein spannender Austausch. Wir sind leichter zu beeinflussen im Positiven wie im Negativen. Das Netz unterscheidet nicht und transportiert alles. Auch Hetzpropaganda verbreitet sich in rasender Geschwindigkeit über den Globus, genauso wie die ermutigenden Videos der Fridays for Future-Bewegung, die weltweit Jugendliche inspiriert, für einen nachhaltigen Lebensstil auf die Straße zu gehen und die Erwachsenen in die Pflicht zu nehmen. Unsere eigene Ethik ist gefragt. Sie entscheidet, welche Einflüsse wir zulassen und welche Inhalte wir voranbringen und weitertragen.

Weder unterlegen noch überlegen

Um mündige Bürger im Netz zu werden, die bewusst auswählen und teilen, sollten wir uns kritisch fragen, wem wir folgen und warum. Unsere Motive ergründen, unsere Bedürfnisse erkennen und noch einmal betrachten, von wem wir uns begeistern lassen und wem wir besonders willig folgen. Sind wir verliebt in ultimative Tipps, die

Erfolgsgurus propagieren? Hoffen wir, dass die jugendliche Frische attraktiver Influencerinnen auf uns abfärbt? Wollen wir unseren Mangel an eigenem politischem Engagement kompensieren, indem wir Protestbewegungen feiern? Wo stehen wir selbst? Sind wir anfällig für schlichte Botschaften und scheinbar einfache Lösungen für komplexe Probleme, die von Menschen propagiert werden, die glauben, die Welt erklären zu können?

Wenn selbst ernannte Experten behaupten, die eine griffige Formel für alles gefunden zu haben, ist Vorsicht geboten. Wer sich als Heilsbringer inszeniert, dem sollten wir die digitale Aufmerksamkeit entziehen. Wer für sich in Anspruch nimmt, die Welt vollständig erklären zu können, ist entweder ein Heiliger oder ein demagogisch begabter Blender. Heilige und Weise sind heute klar in der Minderheit. Begegnen wir ihnen im Netz, lösen sie niemals ein Gefühl der Unvollständigkeit oder Minderwertigkeit in uns aus, im Gegensatz zu Blendern, die sich überlegen zeigen und allen anderen das Gefühl vermitteln, kleine, bemitleidenswerte Würstchen zu sein.

Menschen mit echter, tiefer Weisheit üben keinen Druck aus. Wir fühlen uns willkommen, angenommen und berührt. Vielleicht sprechen sie uns aus der Seele, auch wenn wir uns nicht erklären können, warum. Wenn wir uns mit ihnen auf Augenhöhe erleben, dann weil sie uns eine tiefe innere Gemeinsamkeit vermitteln. Wir fühlen uns verbunden. Ihre Wellenlänge umfasst immer viele Wellenlängen, damit sprechen sie die Gefühle von vielen Menschen an. Nicht aus strategischem Kalkül, sondern aus tiefem Mitgefühl. Aus dem Wissen, dass Menschen nur dann bereit sind, sich zu verändern, wenn sie in einer für sie verständlichen und respektvollen Weise angesprochen werden. Wo sich echte Weisheit ausdrückt, ist keine Arroganz. In diesen reifen, weisen Menschen können wir Vorbilder finden.

Die Grundhaltung, die sie ausstrahlen, ist Demut, ein Wort, das aus unserem Sprachschatz allmählich verschwindet. Demut meint, sich in den Dienst der Welt zu stellen, ohne eine Gegenleistung zu erwarten. Einen kleinen Hauch von Demut der wahrhaft Weisen zu kultivieren, kann unser Verhalten verändern und uns helfen, aus dem Spiel von Unterlegenheit und Überlegenheit auszusteigen. Diese Grundhaltung täte nicht nur allen Menschen gut, sie könnte auch die allgegenwärtigen Algorithmen, die aus unserem Nutzungsverhalten lernen, positiv beeinflussen.

Manchmal kann ein Video eines Weisheitslehrers zum rechten Zeitpunkt angeschaut Wunder wirken. Ein Freund, nennen wir ihn Paul, war sehr aufgebracht. Sein Chef hatte eine junge, sehr attraktive Kollegin für eine Weiterbildung vorgeschlagen. Paul war von den Fähigkeiten der Kollegin nicht ganz so überzeugt wie sein Chef. Es kam zu einem hitzigen Streitgespräch. Am Ende fühlte sich Paul sehr schlecht. Er war überzeugt davon, dass die Kollegin die Weiterbildung, die er selbst gerne besucht hätte, nur wegen ihres Aussehens bekommen hatte.

Ich schlug ihm vor, gemeinsam ein Video von Jon Kabat Zinn anzuschauen von einem Vortrag, den der Pionier der Achtsamkeitsbewegung an der Universität Oslo gehalten hatte. Paul hatte sich mit dem Thema bisher nicht beschäftigt, aber nach der unglücklichen Auseinandersetzung fand er, ein wenig mehr Achtsamkeit bei seinen Äußerungen könnte hilfreich sein. Überraschenderweise war für ihn der verbale Inhalt nicht entscheidend. Jon Kabat

Zinn präsentierte das Thema elegant und eloquent. Paul war jedoch vor allem davon beeindruckt, wie der Redner mit Störungen, Fragen und kritischen Kommentaren umging. Völlig präsent im Hier und Jetzt, in einer grundsätzlich wohlwollenden Art, die jedem Zuhörer das Gefühl vermittelte, in ganz besonderer Art wichtig zu sein. Nach dem Vortrag war Paul sehr müde und ging gleich ins Bett.

Am nächsten Morgen rief er mich an, er hatte, trotz der stressigen Unterredung mit seinem Chef, tief geschlafen und war am Morgen zu seiner eigenen Überraschung mit einem Lächeln im Gesicht erwacht. Er schilderte mir, dass er nun völlig zufrieden und gelassen mit der Situation umgehen konnte. Er konnte sogar fühlen, wie wichtig die Erfahrung der geplanten Weiterbildung für die junge Frau sein würde. Alle Konkurrenzgefühle hatten sich aufgelöst, er freute sich, dass eine junge Kollegin diese Möglichkeit bekam.

Die non-verbale Haltung von Jon Kabat Zinn hatte direkte, spürbare Auswirkungen auf Paul. Rückblickend war die Gelassenheit, die Jon Kabat Zinn ausstrahlte, für Paul der entscheidende Schlüssel, auf unerwartete Weise selbst in einen gelassenen Zustand zu finden. Die gute Nachricht ist also: Wenn wir gut wählen, was wir uns ansehen, können wir Zustände erreichen, die uns bisher verschlossen waren. Leider funktioniert das auch mit negativen nonverbalen Botschaften. Wenn etwas uns Unwohlsein bereitet, sollten wir es nicht weiter betrachten.

Für Paul war das Video ein Türöffner. Bis zu diesem Zeitpunkt hatte er sich noch nie mit Meditation, Spiritualität oder Achtsamkeit beschäftigt. Aber mit dieser Erfahrung wurde ihm schlagartig bewusst, dass der Streit Ausdruck seiner Kränkung war. Er, der sich bisher für großzügig und tolerant gehalten hatte, wurde plötzlich mit seiner Verletzbarkeit und Kränkbarkeit konfrontiert. Durch die Gelassenheit, die sich beim Betrachten des Videos einstellte, wurde Augenhöhe mit der jungen Kollegin möglich, das überhebliche Gefühl der Überlegenheit verschwand. Haben Sie schon einmal selbst erlebt, wie sich ein Gefühl von Überheblichkeit plötzlich in Akzeptanz und Verständnis verwandelt hat? Sind Sie interessiert, eine solche Erfahrung zu vertiefen und zu verankern?

Übung 8

Körperwahrnehmung

Spüren Sie aufmerksam Ihre Füße. Nehmen Sie einfach wahr, was dort gerade zu spüren ist. Wandern Sie langsam mit der Aufmerksamkeit nach oben. Spüren Sie die Beine, das Gesäß auf der Stuhlfläche, den aufrechten Rücken. Wie fühlt sich der Körper in diesem Augenblick an? Wie fühlen Sie sich gerade? Alle Gefühle, alle Gedanken ziehen lassen. Den Körperempfindungen nachspüren, dann auch die Körperwahrnehmung wieder loslassen. Nach und nach werden Gedanken und Gefühle weniger. Lenken Sie Ihre Aufmerksamkeit voll und ganz auf den Körper. Nur beobachten, nur wahrnehmen, welche Empfindung auftaucht. Konzentrieren Sie sich nicht auf einen Körperteil, bleiben Sie offen und neugierig, welcher Teil des Körpers sich von selbst in den Vordergrund schiebt. Ganz mit dem Körper verbunden sein, nur Körper sein. Von Atemzug zu Atemzug, von Augenblick zu Augenblick. Einfach nur sein.

Wenn Sie in dieser Weise präsent sind, können Sie gelassener mit Problemen umgehen. Sie wirken durch Ihr Sein. Wenn Sie wirklich körperlich präsent sind, wirkt sich das auch auf Ihre Art zu führen aus. Auch wenn Sie weder Manager noch Abteilungsleiterin sind: Auch Sie führen. Jeder von uns hat Führungserfahrung. Wir führen uns selbst, wir führen einen Haushalt. Wenn wir Kinder haben, führen wir sie in die Welt ein. Die Voraussetzung, um andere führen zu können, ist die Fähigkeit, sich selbst zu führen. Paul entdeckte durch den Vortrag von Jon Kabat Zinn, dass der Schlüssel, einen guten Umgang mit seiner Mitarbeiterin zu finden, in ihm lag. Wenn wir mit uns selbst gut umgehen, unsere eigenen Erfahrungen wertschätzen, können wir aus innerer Gelassenheit handeln. Erst dann können wir die Fähigkeiten und Potenziale der Kollegen erkennen und einen Raum für Austausch und innovative Ideen öffnen. Diese Haltung wirkt in der analogen genauso wie in der digitalen Welt. Wenn unsere Posts und Blogs durch eine Haltung von wertschätzender Augenhöhe und Verbundenheit geprägt sind, wird Verständigung möglich. Ein erster kleiner Geschmack von Weisheit.

Der Kern

Wenn wir uns selbst nicht mehr so wichtig nehmen, kann sich wahre Augenhöhe entwickeln.

Einfach verfügbares Wissen und die digitale Vernetzung fördern die Entstehung von Augenhöhe.

Überheblichkeit und Arroganz sind Hindernisse, Augenhöhe wird so unmöglich.

Je mehr wir erkennen, dass alles miteinander eng verbunden ist, desto stärker wird uns bewusst, dass unsere Handlungen große Auswirkungen in einer vernetzten Welt haben. Folgen wir im Netz weisen Menschen, werden wir uns weiterentwickeln, und mit uns unser digitaler Spiegel.

KAPITEL 5

Ethische Selbstdisziplin

Mond in meinem Herz
Folge ich deinem Rufen
Leuchtend klar der Weg

Ethische Grundprinzipien erscheinen auf den ersten Blick einfach: Nichts tun, was einem selbst oder einem anderen Menschen schadet. Im Christentum wird ethisches Handeln mit den Zehn Geboten festgeschrieben. Im Buddhismus gibt es die Silas, sie beschreiben Regeln ethischen Handelns. Was aber ist ethische Selbstdisziplin? Ethische Selbstdisziplin bedeutet, dass wir eine starke innere Ethik entwickeln und diesen Prozess als Übungsweg begreifen. Die Herausforderung besteht darin, eine innere Ausrichtung und Haltung zu kultivieren, die uns hilft, in turbulenten Zeiten und unübersichtlichen Situationen angemessen zu handeln. Der Begriff der ethischen Selbstdisziplin ist wie geschaffen für die Herausforderungen transkultureller, globaler, virtueller Gemeinschaften. Diese Ethik basiert auf der Vorstellung, dass niemand als perfektes Wesen geboren wird.

Unsere Vorstellungen, was ethisch richtiges Verhalten ist, hängt von den Umständen unserer Herkunft und unseres kulturellen Rahmens ab. Die Ethik einer Familie, die seit Generationen von der Kriminalität lebt, ist eine andere als die eines brahmanischen Gelehrten. Wir können aber in uns selbst ergründen, welche Grundsätze für den wertschätzenden, respektvollen und harmonischen Umgang mit unseren Mitmenschen nötig sind. Es geht also nicht darum, durch Strafen und Regelwerke eine ethische Instanz im Äußeren zu begründen, sondern diese in uns selbst zu etablieren. Im Buddhismus spielt die Auseinandersetzung mit den Silas eine herausragende Rolle auf dem spirituellen Weg. Buddhistische Mönche sollen sich so lange mit den Regeln, den Silas, auseinandersetzen, bis sie diese vollkommen durchdrungen und auf einer tiefen

Ebene verstanden haben und sie durch ihr Tun und Sein verkörpern.

Nun sind die meisten von uns keine Mönche, die ethisches Handeln in der Abgeschiedenheit eines Klosters üben. Wir stehen im normalen Alltag vor schwierigen Entscheidungen. Auch im Umgang mit der Digitalisierung müssen wir eine innere Instanz entwickeln, die uns als Orientierung dienen kann. Wer im Netz die ethischen und juristischen Regeln aufstellt und deren Einhaltung kontrolliert, ist häufig schwer zu durchschauen. Erschwerend kommt hinzu, dass verschiedene Staaten und Kulturkreise betroffen sind. Dieses Kapitel versucht, einen Weg aufzuzeigen, wie wir eine ethische Selbstdisziplin entwickeln können. Buddha sprach von der Kunst des rechten Handelns, des rechten Sprechens und des rechten Lebens. Beginnen wir als ersten Schritt, unsere Grenzen zu finden.

Grenzen erkennen

Wie können wir in einer virtuellen Welt, die sich über mehrere Kulturräume erstreckt, einen Ansatz für eine universelle Ethik entwickeln und Grenzen finden in einer unbegrenzten Welt? Hier kommt uns Laotse zu Hilfe, der alte chinesische Weise, der mit dem Daodejing einen Leitfaden für einen Weg der Tugend geschrieben hat. (Man könnte dieses kleine Bändchen auch als Grundlage für Führung von uns selbst, aber auch als Regelwerk der Staatskunst betrachten.) Er schreibt im 2. Vers in der Übersetzung von Richard Wilhelm (19): »Wenn auf Erden alle das Schöne als schön erkennen, so ist dadurch schon das Hässliche gesetzt. Wenn auf Erden alle das Gute als gut erkennen, so ist dadurch schon das nicht Gute gesetzt …« Könnte in der Erkenntnis, dass eine Handlung einem anderen schadet, auch der Schlüssel zu einem inneren Kompass liegen?

Dann ginge es nicht nur darum, keinen Schaden anzurichten, sondern zu erkennen, was gut für uns selbst und unsere Mitmenschen ist. Laotse setzt auf die Fähigkeit des Menschen, durch entsprechende Geistesschulung erkennen zu können, was gut oder schön ist. Dabei geht es ihm weder um Datenschutz noch um das Strafgesetzbuch, sondern um eine innere Einstellung. Diese Einstellung zu finden ist ein Übungsweg. Was ist in dieser besonderen Situation jetzt angemessenes ethisches Handeln? Diese Frage gilt es immer wieder neu zu beantworten. Das können wir nur, wenn wir uns gut kennen und uns mit uns selbst auseinandersetzen. Auf diesem Weg gibt es weder absolut Gutes noch absolut Schönes. Von der Unterscheidung zwischen Gut und Böse wissen wir, dass sie sehr schwierig sein kann. Nicht umsonst spricht Laotse nicht vom Bösen, sondern vom nicht Guten. Lassen wir die Sätze des alten chinesischen Weisen auf uns wirken, erkennen wir, dass sie ein Tor öffnen.

Wir können damit beginnen zu erforschen, was wir als ungut erleben. Können wir die negativen Handlungen klar identifizieren, fällt es uns leichter, die heilsamen Aspekte zu fassen. Woran erkennen Sie, was ungut ist? Woran merken Sie, dass etwas, das Sie gesagt oder getan haben, nicht in Ordnung war? Vielleicht taucht ein Unwohlsein auf, wenn Sie entgegen Ihrer inneren Überzeugung gehandelt haben. Wenn eine solche Irritation auftaucht, schieben Sie sie nicht beiseite, sondern lassen Sie sie einen Moment wirken.

Übung 9

Der Lügendetektor

Wählen Sie einen Twitter-Kommentar, der offensichtlich falsch ist und rüde im Ton und sicher nicht von einem gütigen und wohlmeinenden Wesen verfasst wurde. Je prominenter der Schreiber, desto einfacher die Übung.
Setzen Sie sich aufrecht und bequem hin, bevor Sie den Kommentar lesen.
Nehmen Sie Ihre Umgebung wahr, spüren Sie Ihren Körper.
Lesen Sie nun den ausgewählten Kommentar und beobachten, was in Ihnen geschieht. Vielleicht spüren Sie Kälte im Körper, eine Enge in der Herzgegend? Oder müssen Sie lachen, weil der Text so absurd ist?
Nehmen Sie Ihre innere Reaktion wahr und machen Sie sich eine innere Notiz.
Bleiben Sie für ein paar Atemzüge ganz bei der Wahrnehmung des Körpers. Falls Gedanken auftauchen, diese einfach unbeachtet weiterziehen lassen, bis es stiller wird.

So kommen wir allmählich mit einer inneren Instanz in Kontakt, die nicht wertet, sondern einfach nur da ist. Diese Übung ist ein kleiner Schritt zu unserem persönlichen Ethikradar. Beobachten Sie immer mal wieder Ihre Reaktionen auf offensichtliche Lügen-Blogs. Das ist interessant und kann großen Spaß machen. Wählen Sie für den

Einstieg vollkommen absurde Blogs oder Nachrichten. Der amtierende amerikanische Präsident liefert ständig Nachschub. Wenn Sie nicht sicher sind, ob eine Nachricht stimmt oder nicht: gibt es in mehreren Sprachen Faktenchecker. Auch diese sind eine exzellente Fundgrube für unsere Übung. Damit erwerben wir nach und nach ein inneres Wissen und eine körperliche Erfahrung für falsche Nachrichten. Gleichzeitig können wir direkt erfahren, dass in uns eine Instanz verborgen liegt, die zwischen wahr, unwahr, angemessen, unangemessen, heilsam und schädlich unterscheiden kann. Sonst könnten wir nicht so klar fühlen, was problematisch ist.

Wir können unseren Körper nutzen wie ein Messinstrument. Er spiegelt uns weit treffsicherer als trügerische Gedankenkonstrukte, wie wir wirklich innerlich reagieren, welche Gefühle und Empfindungen in uns auftauchen. Denn Gedanken, Nachrichten, Bilder, lösen Gedankenspiralen aus, die wiederum Gefühlsreaktionen produzieren. Die Körpersignale wahrzunehmen, kann uns zu mehr innerer Klarheit verhelfen. Wenn wir in einem Gespräch fühlen, dass sich unsre Nackenhaare aufstellen, sollten wir erforschen, woran das liegt. Unser Körper reagiert unmittelbar auf das, was nicht gesagt wird, aber im Hintergrund ein Gespräch dominiert. Wir spüren ganz direkt, hier ist etwas faul.

Wenn wir immer wieder üben, diese Gedanken loszulassen und uns auf unseren Körper und die Atmung zu konzentrieren, erkennen wir mit der Zeit, wo wir manipulierbar sind, wo unsere Schwachstellen liegen. So können wir die wahren Absichten in einem Blog, einem Gespräch, hinter den schönen Worten identifizieren. Auf diesem

Wege wird aus der kleinen Pflanze der inneren Ethik ein Bäumchen. So werden wir weit weniger anfällig für digitale Verführungen Es braucht aber Mut und Ausdauer, diesen Weg kontinuierlich zu beschreiten, nicht lockerzulassen auf dem Weg zu uns selbst.

Hier sind wir wieder bei Laotse, wir haben das Hässliche erkannt, wodurch das Schöne gesetzt ist. Heute im Umgang mit Medien, in denen wir uns mehr oder weniger anonym bewegen können, brauchen wir eine klare innere Haltung, die uns immer wieder zur Grundregel, nicht zu schaden, zurückbringt. Klassische philosophische Regeln sind viel zu kompliziert. Vor dem Versenden eines Hass Blogs wird sich niemand mit dem Kant'schen kategorischen Imperativ beschäftigen. Wenn wir die obige Übung anwenden, wird nach und nach unsere innere Stimme geschult. Wir lernen, Fake News immer besser zu entlarven. Je stärker wir in Kontakt mit uns selbst sind, desto eher werden uns Nachrichten suspekt vorkommen, die vor allem stereotypische Inhalte haben und emotional manipulativ sind. Solchen Nachrichten sollten wir nicht folgen.

Die cleveren Algorithmen sind längst nicht so treffsicher wie oft befürchtet oder erhofft. Von wirklicher Intelligenz sind sie noch weit entfernt. Der Brand der Kirche Notre Dame 2019 beispielsweise wurde von den allgegenwärtigen Algorithmen als terroristischer Anschlag gewertet. Algorithmen können uns nicht die Arbeit abnehmen, Nachrichten selbst einzuschätzen und zu bewerten. Wenn wir Nachrichten entdecken, die nicht schlüssig sind, einen unsachlichen Ton anschlagen oder andere Menschen offen verunglimpfen, sollten wir uns distanzieren. Noch einmal spüren, wie fühlt sich diese Nachricht an? Wenn in uns Hass, Neid oder Wut auftauchen, wurde diese Nachricht verfasst, um uns in eine bestimmte Richtung zu schieben.

Erschreckend für uns ist es, wenn wir entdecken, dass solche Nachrichten in uns einen Widerhall finden, an in uns selbst tief verankerte Vorurteile andocken. Wenn wir dies erkennen, haben wir uns schon innerlich distanziert und können Klarheit gewinnen über unsere eigenen Vorurteile. Diese trüben unseren Blick und schränken unsere Handlungsmöglichkeiten ein. Im Umgang mit Social Media können wir immer wieder üben, unsere Muster und Bewertungen, die anspringen, aufmerksam zu betrachten und sie in den Hintergrund treten zu lassen. Nicht in die bekannten Gefühls- und Handlungsmuster fallen, etwas lesen und anschauen, ohne zu werten. Keine leichte Übung, denn Gefühle besitzen eine große Kraft, sie beeinflussen unser ethisches Handeln.

Gefühle und Ethik

Was haben unsere Gefühlszustände mit ethischem Handeln zu tun? In der letzten Übung haben wir uns ganz bewusst, ohne Druck, einem Text oder einem Video ausgesetzt und die Auswirkungen auf unseren Körper beobachtet. Sicher sind in diesem Moment auch Gedanken und Gefühle aufgetaucht. Auch diese haben wir wahrgenommen und ein paar Atemzüge wirken lassen. Wir haben mit allen Sinnen und unserem Bewusstsein wahrgenommen, dass etwas grundlegend falsch und verletzend ist. Es gibt also eine innere Instanz, die diese Information gespeichert hat. Diese Instanz weiß, ob etwas nicht richtig oder nicht angemessen ist. Vorausgesetzt, wir sind bereit, uns offen und schonungslos unseren Wahrnehmungen zu stellen.

Dies klingt einfacher, als es ist. Sehr rasch tauchen wertende Instanzen auf, die etwas schönreden, zur Seite schieben und kommentieren wollen. Wir sollten auch diese inneren Stimmen wahrnehmen und als das erkennen, was sie sind. Innere Monologe, die ohne unser Zutun vor sich hinlaufen. Das, was wir wirklich sind, das innere Selbst, das eben noch präsent war, ist wieder im Rauschen der Gedankenströme und Wertungen verschwunden. Doch wir können üben, uns immer wieder auf uns selbst und unsere inneren Reaktionen einzulassen. Immer wieder anhalten und ein paar Minuten im Augenblick verharren. Die Geister der Vergangenheit, die Stimmen in unseren Gedanken liebevoll ziehen lassen. Die Zukunftsszenarien, die nur Projektionen in unserem Kopf sind, ausschalten. Nur wahrnehmen, was gerade passiert. Den Körper spüren.

Je nach Stimmungslage fühlen wir uns wohl, hintergangen, wütend, nicht wertgeschätzt, nicht geliebt, gehasst, sind hungrig, völlig energielos. Wir können dann nicht einfach aus dem Hamsterrad der vorgefassten Gedanken und schwierigen Gefühle aussteigen. Solche Zustände von Verzweiflung sind der entscheidende Hinweis, dass etwas nicht stimmt. Jetzt erst einmal nichts tun und den Gefühlssturm vorüberziehen lassen.

In den vorangegangenen Kapiteln wurde bereits deutlich, dass wir Gefühlen wie Wut und Ärger keineswegs ausgeliefert sind und wir sie sogar nutzen können, um uns weiterzuentwickeln. Wie wirken sich diese heftigen Gefühle auf unsere innere ethische Ausrichtung aus? Wenn es uns gelingt, aus einem schwierigen Gefühl auszusteigen und es nur zu betrachten, können wir erkennen, dass wir manchmal wütend werden ohne Gegenüber. Wenn Nachrichten in sozialen Netzwerken uns sehr treffen, reagieren wir auf eine Zeile auf unserem Rechner, übermittelt als Bits, virtuell. Da ist niemand. Die Wut entsteht in uns selbst ohne Gegenüber. Jetzt ist es wichtig innezuhalten und das zu realisieren. Wenn wir nicht klar erkennen können, dass nur wir selbst Wut oder Hass spüren, fallen wir rasch in einen emotionalen Auto-Mode. Wir verlieren den Kontakt zu uns, werden Gefangene unserer unkontrollierten Gefühle.

Wir können nicht mehr klar erkennen, was mit uns geschieht und was wir auslösen. Unser Ethikradar ist außer Kraft gesetzt. In einer solchen Stimmung sind wir leichte Beute für Politiker mit fragwürdigen Parolen oder Hassprediger mit angeblich einfachen Lösungen für komplexe Probleme. Wir sitzen fest in einem Käfig der Unfreiheit, des Schmerzes und des Hasses. Die Stimme der inneren Ethik ist kaum noch zu hören. Halten wir einen Moment an und drehen uns innerlich um, können wir erkennen, dass wir uns in die falsche Richtung bewegen. Das ist leichter gesagt als getan. Wir müssen immer wieder üben, bis das Innehalten zur Gewohnheit geworden ist.

Dann wird es leichter, schnell und klar zu erkennen, wenn unterschwellige aggressive Botschaften in Texten und Bildern verborgen sind. Nach und nach werden wir gelassener. Immer wieder innehalten, spüren, dass tief in uns eine Quelle der Gelassenheit, des Friedens existiert und wir in uns selbst Güte und Weisheit begegnen können. Dann sind wir auf der anderen Seite angelangt. Nun ist das Gute gesetzt. Wir haben Zugang zu einer tiefen Ebene der inneren Ethik gefunden. Unsere Körperwahrnehmung kann uns hierbei unterstützen.

Übung 10

Uns selbst erden

Setzen Sie sich aufrecht hin. Auf die Stuhlkante oder ein Meditationskissen. Schließen Sie die Augen.
Lassen Sie Ihre Hände auf dem Unterbauch ruhen, knapp unterhalb des Nabels.
Stellen Sie die Füße fest auf dem Boden auf. Wenn Sie auf dem Kissen sitzen, spüren Sie die Füße auf der Unterlage. Dann die Beine wahrnehmen. Ankommen, einchecken, den Körper in diesem Augenblick wahrnehmen.
Nun den Bauch hinter den Händen spüren. Die Wärme dort wahrnehmen. Mit dem Bauch die Hände spüren. Alle Aufmerksamkeit auf den Unterbauch richten.
Lenken Sie die Aufmerksamkeit auf die Atmung. Die Einatmung und die Ausatmung bis in den Unterbauch verfolgen, bis hinter die Hände. Wärme und Festigkeit spüren. Wahrnehmen, wie die Atmung im Unterbauch ankommt. Wie Wellen, die an einer Kaimauer auslaufen.
Nach und nach nur noch die Ausatmung betrachten. Den Ausatem bis in den Unterbauch verfolgen. Wahrnehmen, wie die Ausatmung länger und länger wird, und immer mehr in diese Ausatmung fallen lassen. Dort ganz niederlassen.
Am Ende der Übung die Augen wieder öffnen und langsam aufstehen.

Wann immer eine Unsicherheit aufkommt, können Sie diese Übung als Anker nutzen. Wenn Sie sich in dieser Weise geerdet haben, wird es Ihnen leichter fallen, Entscheidungen zu treffen.

Das Gute in uns selbst finden

Selbst der glühendste Anhänger eines charismatischen Führers kann, wenn er wirklich in sich hineinhorcht, vermutlich ein Unwohlsein spüren. Doch im hypnotischen Massenrausch wird die leise innere Stimme rasch übertönt. Es ist viel einfacher, unauffällig in der Herde mitzulaufen, als sich gegen den Strom zu stellen und zu riskieren, aus der Gruppe ausgeschlossen zu werden. Vielleicht kennen Sie Situationen, in denen Sie ein Unwohlsein spüren, das Gefühl haben, dass etwas nicht stimmt, dass Dinge passieren, die nicht in Ordnung sind. Aber aus Angst, unbequem zu werden, nicht mehr dazuzugehören, reden Sie sich fiese Kommentare oder Handlungen von anderen schön. Oder Sie tun so, als seien Sie unbeteiligt, weil es so leichter ist, die inneren Widersprüche auszuhalten.

Auch im Massenmörder existiert eine innere Instanz, die weiß, dass man Menschen nicht einfach töten kann. Nur wenige sehr gestörte Menschen und fanatische Glaubenskrieger leben so stark in einer eigenen Welt mit eigenen Regeln, dass ein Kontakt mit der inneren Welt nicht möglich ist. Auch einem Dieb ist durchaus klar, dass er einen Diebstahl begeht. Gleichgültig, wie die Umstände der Tat sind. Wer stiehlt, weil er sonst verhungern würde, mag ein wenig milder beurteilt werden. Trotzdem ist auch diesem Menschen völlig klar, dass Diebstahl nicht rechtens ist. Selbst kriminelle Vereinigungen und Gangs haben eigene ethische Regeln, deren Einhaltung sie drastisch einfordern. Sie wissen, dass ihre selbst definierten Regeln sich von denen der Umgebung unterscheiden. Damit ist, um mit Laotse zu sprechen, das »Hässliche« schon gesetzt.

Bleibt die Suche nach dem Schönen. Ist es möglich, im Inneren eine Instanz zu finden, die intrinsisch gut, gütig, weise ist, also als Ethikradar taugen würde? Und wenn ja, kann diese Instanz gestärkt werden und dazu dienen, sich in der virtuellen und realen Welt besser orientieren zu können? Die Begegnung mit digitalen Medien, rechnergestützten Recherchen und KI ist hier ein gutes Übungsfeld, das eigene Ethikradar zu testen und zu trainieren.

In schwierigen Situationen, wenn Gefühle und soziale Prägungen uns gefangen nehmen, ist es oft schwer, ethisch korrekt zu handeln. In uns selbst das Gute zu fördern, nicht zu werten und erst einmal nicht zu handeln, kann fast unmöglich erscheinen. Wenn die Emotionen hochkochen und es uns nicht gelingt, Abstand dazu zu gewinnen, kommen wir an eine Grenze und handeln unethisch und ungerecht. In einem realen Konflikt mit jemandem, der Sie willentlich oder unwillentlich bloßstellt und verletzt, ist es kaum möglich, ohne Wut zu reagieren. Im digitalen Raum können Sie Ihre Reaktion viel leichter kontrollieren. Sie können den Kontakt abbrechen und Menschen, die immer wieder starke Emotionen in Ihnen auslösen, einfach blocken. Damit verringern Sie auch den Wirkungskreis dieser Menschen und ihrer Nachrichten.

Wenn Sie emotional aufgewühlt sind, schalten Sie Ihr Handy aus. Antworten Sie nicht auf Mails, schreiben Sie keinen Blog, verzichten Sie darauf zu telefonieren. Durch starke Gefühle wird unser Urteilsvermögen beeinträchtigt. Wir sehen nicht mehr klar. Die Crux ist: Gerade wenn wir emotional erschüttert sind, möchten wir das mitteilen und dringend einen Menschen finden, der uns beisteht, unsere Bedenken und Auffassungen teilt. Damit beginnt häufig eine Spirale der verbalen und mentalen Entgleisung mit vielen Nachrichten, die zwar löschbar sind, aber beim Gegenüber immer noch im Messenger hängen. Einmal ausgesprochene Worte können nicht zurückgenommen werden, das gilt auch für versendete Nachrichten. Manche Messenger-Programme haben dieses Problem erkannt und gestatten das Löschen von Nachrichten bei allen Beteiligten.

Was bleibt, wenn wir die emotionalen Stürme ausgestanden haben, in der Stille danach? Was ist unser tiefer, unerschütterlicher Kern? Diese Instanz, die gut und weise ist und als innere Stimme zu uns spricht. Wenn wir diese Stimme ernst nehmen und ihr zuhören, verfeinert sich nach und nach unser Empfinden für eine Ethik, die tiefer reicht als philosophische Sonntagsreden. Spannend an der virtuellen Welt ist, dass wir auch die ethische Dimension trainieren können. Statt uns mit dem nächsten Video selbst zu beruhigen, können wir der Stille nach einer aufwühlenden WhatsApp nachspüren. Niemand erwartet eine sofortige Reaktion, wir haben alle Zeit zu warten, bis wir die Aufregung losgelassen haben und uns mit unserem Herzen verbunden fühlen. Nicht mit dem schlagenden Muskel in unserer Brust, sondern mit der Ebene der Herzensgüte.

Nehmen wir an, jemand teilt einen Videoclip mit angeblich lustigen Unfällen. Meist sind diese Clips nur bedingt lustig. Die gezeigten Missgeschicke führen meist zu Unfällen mit ernsten Verletzungen. Mit Kommentaren wie »Wie kann man nur so blöd sein?« werden die Beteiligten verspottet. Wir müssen dieses Video nicht ansehen. Wir können es einfach löschen, nicht liken, keinen Link versenden. Die Lebenszeit ist zu kurz, um sie mit unsinnigen Videos zu vergeuden. Spüren wir nach innen, können wir wahrscheinlich widerstreitende Gefühle identifizieren. Ein Teil will unbedingt das Video sehen, die Lustzentren im Hirn freuen sich schon. Nur ein kurzer Klick, Entspannung, aussteigen aus der anstrengenden Arbeit, für einen Moment nicht denken. Unser Gehirn liebt diese kleinen Unterbrechungen. Neurotransmitter werden ausgeschüttet. Dieser suchtartige Mechanismus führt dazu, dass wir unsere Gefühle nicht mehr richtig einordnen können und immer mehr den Kontakt zu uns selbst verlieren.

Wenn Sie in sich hineinhören, werden Sie vermutlich eine leise Stimme vernehmen, die flüstert, dass dieses Video Schadenfreude anheizt und niemandem dient, anderen sogar schadet. Je häufiger Sie solchen schädlichen Impulsen folgen, desto mehr schwächen Sie Ihre Basis und übertönen Ihre innere Stimme. Wenn Sie beobachten, dass Sie ständig online kleine Clips und Videos ansehen möchten, sind Sie abhängig geworden. Permanente Unterbrechungen schwächen auch die Konzentrationsfähigkeit. Wir fühlen uns immer stärker gestresst, unsere Urteilsfähigkeit leidet.

Es gibt kein Multitasking. Wenn wir eine Tätigkeit kurz unterbrechen, kann es bis zu 15 Minuten dauern, bis wir wieder auf dem vorherigen Niveau angekommen sind. Wenn wir uns den ganzen Tag immer wieder etwas anderes anschauen, sind wir am Ende frustriert und weit davon entfernt, entspannt zu sein. Wir haben den Kontakt zu uns selbst und zur inneren Ebene der Herzensgüte verloren. Wir sind wieder auf der anderen Seite gelandet. Sobald uns das bewusst wird, sind wir schon aus dem Kreislauf ausgestiegen. Wir drehen uns erneut einfach um und legen eine Pause ein.

Um nach und nach zu mehr Klarheit, Kraft und Gelassenheit zu gelangen, ist es wichtig, Abstinenzphasen einzulegen und zu lernen, ohne äußere digitale Reize auszukommen. Nur durch diese Pausen können wir unsere Fähigkeiten weiterentwickeln. Erkennen, was uns und anderen hilft und was uns schadet. Unsere innere Ethik kann sich nur entwickeln, wenn wir ihr Raum geben. Dieser innere Raum ist ein sanftes Lächeln, das wir uns selbst schenken. Legen wir das Smartphone zur Seite, klappen den Laptop zu, schalten den Computer aus. Was bleibt? Wer sind wir ohne diese Hilfsmittel? Eine ideale Gelegenheit, Zeit mit uns selbst zu verbringen, sind Meditationsseminare und Retreats. In einem geschützten Rahmen können Sie vorsichtig üben, mit sich selbst eine längere Zeit allein zu verbringen. Unterstützt von Lehrern oder Trainern. Achten Sie darauf, dass Sie von kompetenten Lehrern begleitet werden, die auf Fragen und Probleme eingehen.

Es gibt Meditationsapps (siehe Anhang) und auch die Apple Watch, die kleine Pausen vorgeben und uns zum Beispiel auffordern, einmal kurz innezuhalten. Das ist ein guter Anfang, aber wenn Sie sich tiefer begegnen möchten, sollten Sie sich mehr Zeit nehmen. Denn es dauert eine ganze Weile, bis die schwirrenden Bienen im Kopf einmal zur Ruhe kommen. Wie ist für Sie der Gedanke, drei Tage ohne Smartphone und Laptop zu sein und sich nur auf sich selbst zu konzentrieren, ohne Ablenkung? Welche Gefühle tauchen auf?

Peter, ein Seminarteilnehmer, wurde sehr unruhig, als er erfuhr, dass man im Meditationsraum kein Handy benutzen darf und die »elektronischen Fußfesseln« auch während der Pausen ausgeschaltet bleiben sollen. Es fiel ihm schwer, sich auf die Übung der Körperwahrnehmung zu konzentrieren. Er war wütend auf die Trainer und seine Mitsitzenden, denen die Stille anscheinend keine Probleme bereitete. Zum ersten Mal nahm er die Verspannungen in seinem Körper wahr, der Rücken schmerzte, und die Gedanken und Gefühle wollten keine Ruhe geben.

Er spürte auf einmal, wie schwer es für ihn war, sich selbst auszuhalten. Erinnerungen an schwierige Situationen tauchten auf. Hatte er sich richtig verhalten? Hätte er anders handeln können? Unaufhörlich ratterte es im Kopf. Nur im Hier und Jetzt zu sein und die Vergangenheit ruhen zu lassen, war ihm fast nicht möglich. Am liebsten hätte er das Retreat abgebrochen, aber seine Disziplin hielt ihn davon ab. Und er fühlte sich getragen durch die Gruppe. Am zweiten Seminartag konnte Peter sich zunehmend auf die Stille einlassen. Er war immer noch erschüttert, wie wenig er bisher von seinem Körper wahrgenommen und wie viele Konflikte er aus der Arbeit mit in das Retreat genommen hatte. Am Ende des Seminars war er deutlich gelassener, voller Freude und spürte wieder große Energie.

Nach seinem zweiten Seminar war seine Sekretärin begeistert. Er sei bei der Arbeit viel strukturierter und gelassener. Er selbst bemerkte vor allem eine größere Klarheit. Er entdeckte, dass es in ihm eine innere Instanz gab, die eine klare ethische Richtschnur vorgibt. Er spürte fortan, wenn er seinen Werten nicht folgte und faule Kompromisse einging. Es lohnt sich also, im Alltag Raum für Phasen der Stille zu schaffen, um Entscheidungen klarer fällen zu können. Doch offensichtlich neigen wir dazu, Stille konsequent zu vermeiden, wie ein wissenschaftliches Experiment, das in »Science« publiziert wurde, eindrucksvoll zeigt. Die Teilnehmer sollten in einem Raum Platz nehmen und einfach nichts tun. Schauen Sie aus dem Fenster, hängen Sie Ihren Gedanken nach, genießen Sie die freie Zeit, so lautete die Aufforderung. Sollten sie es gar nicht mit sich und der Stille aushalten, konnten sie sich Elektroschocks verpassen (20). Ausnahmslos alle Teilnehmer nutzten diese Option.

Im Unterschied zu Peter, der während des Retreats eine persönliche Anleitung für eine Meditationsübung bekommen hatte, wurden die Teilnehmer der Studie nicht instruiert. Wenn eine Anleitung fehlt, mit Stille umzugehen, wird sie offenbar als bedrohlich empfunden. Mit einer gut strukturierten Übung hingegen wird es leichter, die Stille zu genießen.

Einfach dranbleiben – Veränderung ist möglich

So entwickelt sich allmählich aus der Erfahrung, was nicht rechtens ist und uns nicht guttut, eine Form der ethischen Selbstdisziplin. Wir brauchen Ausdauer, um uns immer wieder auf die Reise zu uns selbst zu machen. Dann entdecken wir in Augenblicken der Stille die zarten Wurzeln einer tiefen inneren Weisheit. Wie viele Weise und Philosophen, Mystiker und Dichter schon erkannten, trägt jeder Mensch von Natur aus das Gute in sich. Doch das Gute zu erkennen und zu pflegen bedarf der Übung. Nur so werden Veränderungen möglich, die das Zusammenleben der Menschen und deren Repräsentanzen in der digitalen Welt harmonischer und friedlicher machen.

Doch wie leicht sind wir verführbar. Wir fühlen uns mit Aussagen wohl, die uns vertraut erscheinen, auch wenn sie objektiv falsch sind. Deshalb sollten wir vor jedem Like und jeder geteilten Nachricht kurz innehalten. Entspricht diese unserer eigenen inneren Ethik, und ist die Nachricht wirklich wahr? Ist es gut, sie zu teilen? Wenn Freunde oder Menschen, denen wir vertrauen, eine Nachricht für falsch halten, neigen wir eher dazu, diese genauer zu betrachten. Wir selbst sollten unseren Freunden und Followern deshalb auch klar mitteilen, wenn wir etwas für gelogen halten.

Manchmal glauben wir, dass es nicht so schlimm ist, etwas einfach laufen zu lassen. Wenn wir in einem solchen Moment innehalten, sind wir Teil eines spannenden Experiments. Wir können beobachten, weshalb wir nicht eingreifen oder was uns motivieren könnte, Stellung zu beziehen. Wir können aufmerksam und neugierig unsere Empfindungen und Reaktionen erforschen. Was treibt uns, dass wir genau diese Haltung einnehmen möchten? Das Gute an der digitalen Welt ist, dass es immer möglich ist, eine kleine zeitliche Lücke zu schaffen und nicht zu reagieren, nicht zu liken, nicht zu antworten.

Wir sind online, aber wir bestimmen unsere Reaktionszeit. Das gibt uns immer wieder die Möglichkeit, erneut und anders Stellung zu beziehen und damit etwas positiv zu verändern. Betrachten Sie einmal kritisch, was es für Sie bedeutet, ein paar Likes oder Follower mehr zu haben. Ist tatsächlich ausgemacht, dass Follower wegbleiben, wenn Sie Ihr Unbehagen artikulieren? Es könnte sein, dass einige wegbleiben, aber dafür andere dazukommen, wenn Sie sich ethisch positionieren. Das ist die Macht, die wir in dieser digitalen Welt haben und oftmals nicht nutzen, weil wir verführbar sind durch Anzeigen, vorausgewählte Inhalte und die potenziellen Reichweiten unserer Posts.

Wir sollten lernen, der Stimme der inneren Ethik in der digitalen Welt einen klaren Ausdruck zu verleihen. Rechte Rede, also sinnvolle Nachrichten, rechte Handlung, nur liken, was wir wirklich gut finden, rechtes Leben, selbst mit gutem Beispiel vorangehen und Inhalte und Websites mit dubiosem Content meiden. Das bedeutet auch, die eigene Neugier zu zügeln. Dann rutscht das Rating für problematische Inhalte nach hinten, die Propaganda läuft ins Leere. Wir brauchen Selbstdisziplin, um Inhalte zu ignorieren, die unsere Neugier triggern, die uns gut gesteuert von findigen Algorithmen angeboten werden. Wie beispielsweise Politiker, die unsere Aufmerksamkeit mit provokanten Thesen gewinnen möchten. Indem wir darauf anspringen, schaffen wir selbst die Bühne für manche obskuren Ideen. Wenn keiner die Twitter-Nachrichten von problematischen Politikern mehr liest, werden sie auch keine Wirkung mehr haben. Wir müssen es nur tun.

Der Kern

Die Entwicklung der inneren Ethik ist ein lebenslanger Übungsweg.

Um diesen Weg zu gehen, müssen wir uns zunächst selbst kennenlernen.

Die oberste Maxime sollte sein, niemandem zu schaden, auch nicht uns selbst.

Wir sind dann durch die digitale Welt nicht mehr so leicht manipulierbar.

Mit einer weit entwickelten inneren Ethik verändern wir auch die digitale Welt.

KAPITEL 6

Güte, Liebe, Freude und Gelassenheit

Leuchtende Blüte
Tautropfen auf deinem Blatt
Weltengewitter

Unsere Aktivitäten sind immer Ausdruck von uns selbst in diesem Augenblick. Wenn wir wirklich bewusst in diesem Moment verweilen, gibt es weder Sorgen aus der Vergangenheit noch Zukunftsängste. Das bedeutet nicht, dass es im Jetzt keinen Schmerz und keine belastenden Gefühle gibt. Aber sie sind befreit vom Ballast der Vergangenheit. Im Jetzt können auch positive Gefühle wie Glückseligkeit und Freude da sein. Wenn wir uns wirklich tief in diesen Augenblick versenken, können wir die Erfahrung machen, dass alles gut ist und es in uns eine unbedingte Freude gibt, auch wenn vielleicht gleichzeitig ein Schmerz da ist.

In den vorangegangenen Kapiteln ist deutlich geworden, dass unsere Reaktionen und Handlungen in der virtuellen Welt immer ein Spiegel dafür sind, wie es Ihnen im Augenblick geht. Es liegt in Ihrer Hand, wie Sie damit umgehen. Sie können den Spiegel nutzen, um dafür zu sorgen, dass es Ihnen Schritt für Schritt besser geht, und Sie weniger von kleinen und großen Kränkungen gebeutelt werden. Der tägliche Umgang mit digitalen Medien, den Algorithmen der KI, die Sie oft besser kennen, als Ihnen lieb ist, können Sie als Unterstützung nutzen. Wenn Sie sich selbst weiterentwickeln, dann entwickelt sich auch Ihr virtuelles Spiegelbild.

Im letzten Kapitel sind wir unserem Wesenskern begegnet. Dem tiefen inneren Frieden in uns, der Qualität von Herzensgüte. Wie können wir täglich den Zugang zu unserem Wesenskern finden und diese Verbindung stärken? Vielleicht können Sie mit einer kleinen Übung beginnen. Bevor Sie das nächste Mal den Computer anschalten, die Werbung anschauen, die auf Sie zugeschnitten ist, oder den Filmvorschlägen folgen, spüren Sie einen Moment lang die Qualität dieses Augenblicks. Nehmen Sie Ihren Atem wahr, spüren Sie den Körper. Fragen Sie sich, wie es Ihnen gerade geht. Diese kleine Übung ist essenziell, um die Wahrnehmung immer mehr zu schulen. Je besser Sie sich selbst wahrnehmen können, desto leichter wird es, mit schwierigen Gefühlen und Situationen umzugehen und eine freundliche Haltung mit sich selbst zu entwickeln. Wenn Sie zugewandt und freundlich mit sich selbst sind, verändert sich auch die Art und Weise, wie andere Sie wahrnehmen und mit Ihnen umgehen. Wenn Sie sich selbst gut behandeln, steigt die Wahrscheinlichkeit, dass andere das auch tun. Sie werden registrieren, dass Sie andere Nachrichten verfassen und freundlicher mit anderen sprechen, was wiederum als positives Echo zu Ihnen zurückkommt. Wenn Sie selbst mehr freundliche und unterstützende Worte lesen oder hören, können Sie sich tiefer entspannen und wieder mehr vertrauen. Auf diese Weise kann sich ein fruchtbares Arbeits- und Lebensumfeld entwickeln.

Das klingt wunderbar und ist doch nicht leicht umzusetzen, wenn die Ampel schon wieder auf Rot springt, im Büro dicke Luft ist und ein Kollege, den wir nicht leiden können, uns anzischt. Und doch können wir, wenn wir dranbleiben und uns immer wieder die Zeit nehmen innezuhalten, lernen, bei uns zu bleiben und freundlich mit uns zu umzugehen, unabhängig von äußeren Einflüssen. Wir können üben, nicht gleich in die Luft zu gehen und uns selbst und andere nicht automatisch zu beschimpfen. Wir können Abstand gewinnen und uns mit der Instanz in uns verbinden, die in Frieden ist. Wenn wir so im Alltag wirken, verändern wir die Welt.

Über die Güte

Traditionell beginnt der Weg der Transformation mit Güte. Güte, das klingt zunächst altmodisch. Nach einem Wort, das nicht zum modernen Zeitgeist passt. In der Leistungsgesellschaft geht es darum, sich durchzusetzen, seinen Vorteil zu erkennen und die Schwächen des anderen zu auszunutzen. Da ist wenig Platz für Freundlichkeit und Güte. Und dennoch oder gerade deswegen lohnt es sich, Güte näher zu betrachten, weil sich alle in der Tiefe danach sehnen.

Güte lässt sich am besten beschreiben als wohlmeinende, freundliche und zugewandte Grundhaltung. Interessanterweise wird diese Haltung, die lange als Ausdruck von Schwäche abgewertet wurde, heute wieder von Führungskräften erwartet. In modernen Leadership-Trainings werden emotionale Intelligenz, Einfühlungsvermögen, die Fähigkeit zuzuhören und sich Mitarbeitern zuzuwenden als entscheidende Qualitäten benannt und geübt. Das bedeutet einen Paradigmenwechsel. Nach und nach entwickelt sich ein neues Verständnis von Führung, für das es kaum Vorbilder gibt.

In der Geschichte sind nur wenige gütige Herrscher beschrieben. Der indische Kaiser Ashoka und die koreanische Königin Soendoek sind Repräsentanten dieser Herrschaftsform. Beide wurden keineswegs als gütige Übergötter geboren. Nach schwierigen politischen und kriegerischen Auseinandersetzungen fanden sie einen Weg, auf gütige Weise zu führen und Güte mehr und mehr zu verkörpern. Sie stellten sich die Frage, was den Menschen in ihren Ländern am meisten dienen würde, und entwickelten daraus eine Vision. Indem sie das Gemeinwohl über ihre eigenen Machtinteressen stellten, veränderte sich ihr Führungsstil und wurde zunehmend durch Güte geprägt.

Wir können uns davon inspirieren lassen und in unserem Umfeld und den Konflikten, die wir austragen müssen, Güte als Haltung entwickeln und uns fragen, was jetzt alle, die an einer schwierigen Situation beteiligt sind, voranbringen würde. Güte oder christlich ausgedrückt Barmherzigkeit ist Ausdruck der spirituellen Dimension unseres Handelns. Im Buddhismus gehört Güte zu den sogenannten vier göttlichen Verweilungen. Güte, Liebe, Freude und Gelassenheit gelten als Meilensteine auf dem Weg zu einem harmonischen Leben. Wenn wir die Herausforderung annehmen, auf dem Weg zu mehr Harmonie als ersten Meilenstein Güte in unseren Alltag zu integrieren, wirkt sich das heilsam aus. Als Ärztin habe ich mich gefragt, ob Güte uns helfen kann, ausgeglichener und gesünder zu leben. Die Antwort ist ein klares Ja. Wenn wir gütig und selbstfürsorglich mit uns umgehen, steigern wir damit unser Wohlbefinden und unsere Gesundheit.

Die konfuzianischen Weisen des alten China erkannten, dass gütige Menschen und gütige Herrscher besonders lange leben. In unserer hektischen Welt der permanenten digitalen Verfügbarkeit ist es herausfordernd, Güte zu entwickeln. Denn Güte braucht einen inneren und äußeren Freiraum. Doch die gute Nachricht ist: Wir müssen nicht perfekt sein, um Güte zu entwickeln. Im Gegenteil. Jedes Hindernis, jede Schwierigkeit kann uns helfen. Vielleicht ist in den vergangenen Tagen etwas schiefgelaufen, und Sie sind auf sich selbst sauer. Womöglich haben Sie jemanden beschimpft oder eine fiese Mail verschickt und machen sich jetzt Vorwürfe und beschimpfen sich selbst.

Leider macht das nichts besser. Im Gegenteil. Der Blutdruck steigt, Sie fühlen sich emotional belastet, was Sie mit anderen ungeduldig oder gereizt sein lässt. Gütig mit sich selbst zu sein bedeutet, wohlwollend den Fehler zu betrachten. Keine Schuldzuweisungen machen, freundlich mit sich selbst und den anderen umgehen. Sie haben einen Fehler gemacht und können ihn nicht rückgängig machen. Sie können die Nachricht nicht zurücknehmen. Aber Sie können sich entschuldigen, zugeben, dass Sie einen Fehler gemacht haben.

Wenn wir tief im Modus der Güte verankert sind, können wir nachsichtig lächelnd eine harsche Nachricht lesen. Wir erkennen die Not des anderen, aber bleiben in wohlwollender Distanz. Ähnlich wie eine gütige Großmutter im Märchen, die dem Treiben ihrer Enkelkinder zuschaut und nur eingreift, wenn es nötig ist, um Schaden abzuwenden. Diese Haltung können wir auch im Umgang mit der digitalen Welt üben. Damit können wir sofort beginnen. Wir müssen nicht warten, bis wir im Schaukelstuhl sitzen und durch die Weisheit des Alters hoffentlich gütiger werden. Der erste Schritt ist, zu erkennen, dass alle Menschen Fehler machen und es nicht sofort gelingt, immer vollkommen gütig und gelassen zu bleiben. Das klingt banal, doch tatsächlich gestehen wir uns und anderen oft keine Fehler zu und erwarten Perfektion. Wenn es gerade hoch hergeht, kann es uns schier unmöglich erscheinen, in einen Modus von Güte zu wechseln.

Um Güte zu üben, sollten wir deshalb in einer ruhigen, ungestörten Zeit beginnen und uns dann langsam steigern und die Übung auf Stressphasen ausdehnen. Wenn wir regelmäßig praktizieren, werden wir erfahren, dass all unser Tun sich nachhaltig verändert. Güte ist kein intellektuelles Konzept, sondern eine innere Haltung, die wir nach und nach entwickeln. Die nachfolgende Übung kann Ihnen einen ersten Geschmack von Güte vermitteln.

Übung 11

Güte

Eine wunderbare Übung für Güte ist es, sich hinzusetzen, die Gefühle, die da sind, zu betrachten, sie einfach nur da sein zu lassen, zu akzeptieren, dass sie so sind, wie sie eben sind. Den Atem zu spüren und ein paar Minuten lang nur diesen Atem zu beobachten.

Stellen Sie sich dann vor, dass Sie draußen in einer sternenklaren Nacht sitzen. Das Licht eines Sternes umhüllt Sie und wärmt Sie. Sie spüren das warme, wohltuende Licht in Ihrem Inneren. Sie können sich selbst sagen: Ich gehe gütig mit mir um. Ich spüre die Wärme des goldenen Sternenlichts in allen meinen Zellen und in meinem Herzen. Das, was geschehen ist, betrachte ich mit freundlichen Augen, ich verurteile mich nicht. Große Güte erfüllt mich ganz.

Bleiben Sie noch ein paar Minuten sitzen und lassen Sie das Gefühl der wohlmeinenden Güte wirken.

In unserem Inneren öffnet sich ein Raum, dieser innere Raum ist unsere tiefste Natur. Er ist vollkommen unbeeinflusst von Moden und Einflüsterungen von außen. In diesem Raum entstehen Stille und Großmut. Wenn wir mit diesem inneren weiten Raum verbunden sind, können wir auch unseren Mitmenschen Raum geben. Der Satz »Ich bin gütig mit mir« kann Ihnen helfen, die Verbindung zum inneren Raum zu finden. Lassen Sie den Satz innerlich wirken, folgen Sie ihm nach, bis die Worte in der Weite des inneren Raums verklungen sind. Beobachten Sie dann wieder Ihren Atem und schließen Sie die Übung langsam ab.

Anfangs mutet diese Übung vielleicht etwas seltsam an. Doch Sie können sicher sein, dass der Satz »Ich bin gütig mit mir« seine Wirkung nicht verfehlt. Ihr Unterbewusstsein und Ihr Körper reagieren auf Worte, Bilder und die damit verbundenen Gefühle. Es spielt keine Rolle, ob Sie sich den Zustand der Güte zunächst nur vorstellen. Nach und nach löst sich die Vorstellung auf, Sie werden eins damit und sind zu Ihrer eigenen Überraschung in einem anderen Modus angekommen. Sie brauchen keine reale Situation, um Güte zu üben. Sie können jederzeit den inneren Satz wirken lassen und erfahren, wie Sie ruhiger und ruhiger werden. Damit haben Sie ein wirksames Werkzeug, um mit einer Situation, die Sie belastet, besser zurechtzukommen.

Mit etwas Übung wird es immer einfacher, gütig mit uns selbst und anderen zu sein. Wir können entspannter mit kleinen Kränkungen umgehen und spüren kein Bedürfnis mehr, auf jede provozierende Nachricht etwas zu entgegnen. Dadurch verringert sich die Zahl der Nachrichten von selbst. Wir sind kein interessanter Adressat mehr. Mit der Übung der liebenden Güte können wir unsere Fehler besser annehmen. Mit der Haltung der Großmutter, die lächelnd dem Unsinn, den die kleinen Enkel treiben, zusieht. Wir lächeln über uns selbst. Es bedeutet nicht, dass wir keine Grenzen mehr setzen. Wir stoppen, wenn es nötig ist, aber aus einer wohlwollenden, fürsorglichen Haltung heraus. Mit Güte werden wir viele unserer Ziele einfacher erreichen, den natürlichen Lauf der Dinge erkennen, günstige Gelegenheiten ergreifen und in Harmonie mit der Welt handeln. Wenn uns dies einmal nicht gelingt, können wir uns jederzeit wieder in das goldene Sternenlicht setzen und uns an die Erfahrung der Güte erinnern. Der innere Raum kann sich wieder öffnen.

Über die Liebe

Gut mit uns selbst umzugehen bedeutet, uns selbst zu lieben. Vielen Menschen fällt das heute schwer. Sie schauen sich kritisch im Spiegel an und finden sich nicht schön genug, um sich zu lieben. Zu dick, zu grauhaarig, zu alt, lautet ihr Urteil. Die Bilder von scheinbar perfekten, makellosen, glücklichen Menschen, die uns täglich auf dem Bildschirm begegnen, schaffen Idealvorstellungen in unserem Kopf und legen neue Maßstäbe fest. Dass die meisten Fotos im Netz maximal bearbeitet und geschönt sind und nicht die Wirklichkeit wiedergeben, wissen wir zwar, aber wir nehmen es als selbstverständlich hin und orientieren uns unbewusst daran. Doch wer und was wir wirklich sind, hat mit unserem Äußeren nichts zu tun.

Wenn wir sehr streng mit uns sind, gehen wir mit unserem Äußeren oder mit Eigenschaften, die uns nicht gefallen, hart ins Gericht. Wir haben das Gefühl, dass wir es nicht wert sind, geliebt zu werden. Dass wir uns nicht selbst lieben können, weil wir nicht schön oder schlau genug sind oder nicht so, wie es unserem Idealbild entspricht. Doch woher kommt dieses Idealbild? Woher kommen die strengen Stimmen? Sind es wirklich unsere eigenen Stimmen, oder sind sie nur ein Echo der Bewertungen von anderen? Oft haben wir die Bewertungen unserer Eltern übernommen. Aus den elterlichen Vorstellungen wurden strenge Erwartungen an uns selbst. Wir haben uns selbst unter Druck gesetzt in der Hoffnung, endlich geliebt zu werden, wenn wir den hohen Ansprüchen genügen. Die Liebe war an Bedingungen geknüpft.

Dieses Muster übertragen wir unbewusst auf die Partnerschaft. Der Partner soll all unsere Sehnsüchte erfüllen und den Schmerz in unserem Herzen stillen. Doch romantische Liebe ist nur ein winziger Aspekt dessen, was Liebe in der Tiefe ist. Wahre Liebe erwartet keine Gegenleistung. Sie ist frei von Bedingungen. Was wir an Liebe in einem digitalen Universum suchen, ist nur ein kleines Pflaster auf die Wunde der ungestillten Sehnsucht nach bedingungsloser Liebe. Im tiefsten Inneren sehnen wir uns danach, so angenommen und geliebt zu werden, wie wir sind. Diese Sehnsucht kann nicht gestillt werden durch ein Lob, auch nicht durch Likes, die uns eine liebevolle Verbindung suggerieren.

Wenn wir immer im außen nach liebevoller Bestätigung suchen, vergessen wir, dass das Gefühl der Liebe nur in uns selbst wachsen kann. Es geht darum, dass wir uns selbst liebevoll annehmen. Wir müssen uns die Liebe nicht erst verdienen. Es genügt, dass wir da sind. Doch stimmt das wirklich? Immer wieder melden sich Zweifel. Verdienen wir diese Liebe wirklich? Können wir uns lieben, obwohl wir unvollkommen sind? Wir sollten unsere inneren Monologe neugierig erforschen. Wer spricht da eigentlich? Findet sich in unseren Selbstgesprächen das Echo von Modeblogs, die uns weismachen wollen, wie wir aussehen müssen, um geliebt zu werden? Ist da noch ein Nachhall der Stimme des Klassenlehrers von früher, der unser Verhalten unmöglich fand und uns suggeriert hat, wir seien nicht liebenswert?

Die gute Nachricht ist: Alle Gedanken, Stimmen, Urteile, mögen sie auch noch so hartnäckig im Geist herumschwirren, sind nur Sprachaufzeichnungen. Konserven mit alten, abgestandenen Urteilen, die im Hohlraum unseres Kopfes widerhallen. Zugegeben, diese Gedanken und die damit verbundenen Gefühle können uns das Leben schwer machen. Machen Sie ein Experiment. Stellen Sie sich einfach vor, jeder Gedanke, der Ihnen einreden will, Sie seien nicht liebenswert, ist eine WhatsApp-Aufzeichnung vom letzten Jahr, die Sie nicht gelöscht haben. Einfach nur aufgezeichnetes Sprachrauschen im Raum. Wenn der Gedanke auftaucht, klicken Sie innerlich den Papierkorb an. Weg damit. Es war nur ein kurzes Rauschen. Gedanken haben keine wirkliche Substanz. Sie entstehen und vergehen. Ebenso, wie unsere Follower kommen und gehen.

Auch wenn uns 100 000 Menschen folgen und wir uns beachtet und geliebt fühlen, ist dies eine Illusion. Daran zu kleben, schränkt unsere Bewegungsfreiheit ein, fesselt uns an eine virtuelle Welt und macht uns abhängig von äußeren Bewertungen. Wenn wir ohne diese Bestätigung unruhig werden, in immer kürzeren Abständen unseren Instagram-Account checken müssen, wird es Zeit innezuhalten. Auf diesem Weg bekommen wir keine Liebe, nur ein Substrat, eine Täuschung, die jeden Augenblick auffliegen kann.

Nehmen wir Kontakt zu uns selbst auf, betrachten wir uns selbst. Dieses lebendige Wunderwerk aus Zellen, die Nerven bilden, Muskeln und Knochen, die uns tragen. Die Augen, mit denen wir diesen Text lesen und einen Sonnenuntergang betrachten können. Was für ein Wunder. Wenn wir die Augen wirklich öffnen und uns mit dem ganzen Körper hineingeben in diesen Moment, können wir eine Form von Liebe spüren, die kein Gegenüber braucht und keine Bestätigung durch Likes und Kommentare. In einem Wald spazieren gehen, das feuchte Gras unter den Füßen spüren, den Duft von Tannennadeln einsaugen, in der Schönheit der Natur die eigene Schönheit entdecken, erkennen, dass die Natur selbst Liebe ist. Eine Liebe, die sich in allem manifestiert, was existiert.

Lassen Sie für einen Augenblick ab von Ihrem Bedürfnis, in der virtuellen Welt Zuneigung zu finden. Nehmen Sie sich Zeit für einen Waldspaziergang. Öffnen Sie Ihr Herz für die Schönheit des Augenblicks. Lassen Sie sich berühren vom inneren Licht der Welt. Jener Dimension, die die Farben der Blüten zum Leuchten bringt und die Blüte der Liebe öffnet. Die Natur ist eine wunderbare Brücke bei der Suche nach einer Liebe, die keine Grenzen kennt. Diese Dimension ist Algorithmen nicht zugänglich. Machen Sie sich bewusst, dass es ein großes Geschenk ist, als Mensch zu leben und fühlen zu können. Ein Stein kann nicht fühlen. Sie können es.

Übung 12

Selbstliebe

Schauen Sie in den Spiegel, lächeln Sie sich zu. Schauen Sie sich in die Augen und sagen Sie sich ganz sanft und aufrichtig: Ich liebe mich.
Schauen Sie Ihren Körper an und wiederholen Sie diese Worte. Ich liebe mich. Sprechen Sie diesen Satz laut aus. Vielleicht fühlt sich das anfangs seltsam an. Machen Sie einfach weiter, bis Sie sich damit anfreunden.
Nehmen Sie Ihren ganzen Körper liebevoll wahr. Spüren Sie die Weichheit Ihrer Haut, die Kanten Ihrer Knochen. Fühlen Sie Ihren Körper von innen, mit geschlossenen Augen. Was können Sie jetzt wahrnehmen? Vielleicht fühlt sich der Körper schwer an, vielleicht ist das vibrierende Energie oder Unruhe. Wahrnehmen, was auftaucht.
Nehmen Sie dann einfach den Atem wahr.
Der Atem ist unser Anker, ein Taktgeber unseres Lebens. Mit jedem Einatmen liebevoll den Körper mit Sauerstoff versorgen, mit jedem Ausatmen die Liebe spüren.
Ich liebe mich. Ich bin glücklich, dass ich lebe. In den kleinen Pausen zwischen dem Einatmen und dem Ausatmen in den Raum der inneren Stille eintauchen.

Wenn wir dies regelmäßig üben, wird es leichter, emotionale Verstrickungen lächelnd zu betrachten und liebevoll mit unseren Urteilen über uns selbst und andere umzugehen.

Eine wunderbare Darstellung dieses Wegs findet sich im Gedicht Wild Geese von Mary Oliver (21): »Du musst nicht gut sein. Du musst keine 100 Meilen reuevoll auf den Knien durch die Wüste rutschen, lass nur das kleine weiche Tier deines Körpers lieben, was es liebt. Erzähle von der Verzweiflung, deiner, und ich erzähle dir von meiner ...«

Dem Ton des eigenen Herzens lauschen, den Kern des inneren Körpers spüren. Dann öffnet sich die Tür zu einer Liebe, die keine Grenzen kennt. Die kein Gegenüber braucht, nichts erwartet und in unserem Inneren die Wunden heilt, die wir uns selbst beigebracht oder die andere verursacht haben. Wenn wir die bedingungslose Liebe zu uns selbst spüren, können wir diese Übung auch ausweiten und andere Menschen mit einschließen. Zunächst am besten Menschen, die uns nahestehen, die wir lieben. Wir schließen sie mit ein, indem wir ihnen innerlich in der Meditation sagen: Mögest du Liebe empfinden, mögest du glücklich sein, mögest du zufrieden sein, mögest du in Frieden leben. Eine ausführliche Anleitung findet sich im Anhang.

Die volle Wirkung entfaltet die Übung erst, wenn wir uns selbst ganz in diese Liebe fallen lassen und kritische Stimmen in uns verstummen und Frieden einkehrt. Diesen Frieden finden wir nicht im Netz. Die Likes unter unseren Posts sind nett, kurzzeitig werden auch Belohnungszentren im Gehirn aktiviert, doch dieser kurze Rausch ist nur ein kleiner Vorgeschmack auf das, was Liebe wirklich ist. Bleiben wir in der digitalen Belohnungsschleife, füttern wir den Hunger nach mehr digitaler Bestätigung. Erst wenn wir selbst uns die Liebe geben, nach der wir uns sehnen, werden wir allmählich unabhängig von äußerer Bestätigung und auch frei von zwanghafter, gieriger Verstrickung.

Wenn unsere Liebe wächst, kann sie auch Menschen einschließen, die wir schwierig finden. Alles ist in der Tiefe miteinander verwoben. Wenn wir uns in einer liebevollen Grundhaltung in der Welt bewegen, werden auch die Menschen in unserer Umgebung mitfühlender und liebevoller. »Der Fisch stinkt vom Kopf her«, lautet ein bekanntes Sprichwort. Man kann es abwandeln. Der Fisch kann auch vom Kopf her leuchten. Wie viel besser ist es, wenn die Menschen um uns herum glücklich sind. Wenn wir mit dieser liebevollen Grundhaltung Texte und Blogs schreiben, Bilder posten, haben sie eine andere Qualität und führen zu anderen Kommentaren und Reaktionen. Wir haben einen kleinen Stein in die virtuelle Welt geworfen und die Wellen, die so entstehen, werden sich rasch ausbreiten.

Beginnen wir unsere Tage mit einem liebevollen Blick auf uns selbst, verlaufen sie anders. Wenn wir in die Stille gehen, die eingehenden Mails und Plings unserer Smartphones hinter uns lassen, begegnen wir uns selbst und manchmal tiefem Glück und manchmal verstörenden Erinnerungen. Jetzt nicht ausweichen und unangenehme Gefühle mit dem nächsten Instagram zuschütten, sondern liebevoll beobachten und auf das Trostpflaster der digitalen Ablenkung verzichten.

In Zeiten von innerer Aufruhr empfiehlt es sich, das Handy stecken zu lassen. Wir finden im Display nicht, was wir brauchen. Gehen wir eine Runde in den Park, genießen wir den Wind in den Haaren und das Rauschen der Blätter in den Bäumen. Die Natur liebt uns, und wir sind mit ihr verbunden. Später, wenn wir wieder online sind, weht diese Liebe durch den elektronischen Äther und berührt auch die Herzen der Anderen. Nur sehen, nur hören, nur sein. Nichts steht mehr zwischen uns und der Welt. Wir heben die Augen vom Display und sind frei.

Über die Freude

»Always look at the bright side of life«, heißt es im Film »Das Leben des Brian« von Monty Python (22). Der Held behält in einer ausweglosen Situation, am Kreuz hängend, seinen Humor und seine innere Freude. Natürlich ein Paradebeispiel für schwarzen britischen Humor. Auch wenn die Leichtigkeit des Helden unangemessen erscheint, provoziert sie doch beim Zuschauer unwillkürlich ein Lächeln. Wenngleich die Filmszene eine extreme Situation zeigt, kann sie uns helfen, eine Idee des inneren Raums der Freude zu erhaschen. Gleichgültig, wie die äußere Situation sein mag, wir können jedem Augenblick unseres Lebens entgegenlächeln. Die Situation wird auch nicht besser, wenn wir uns grämen. Die Freude, die wir empfinden, strahlen wir aus. Diese Freude ist unbedingt. Eine Grundhaltung, wie wir sie von kleinen Kindern lernen können, die sich intensiv über kleine Dinge freuen. Über den Marienkäfer, der über die Hand krabbelt, eine Regenpfütze oder ein Schokoladeneis.

Auch wenn es oft äußere Auslöser sind, die in uns ein freudiges Gefühl entstehen lassen, so liegt die Quelle für die Freude doch in uns selbst. Diese aus dem Inneren spontan herausbrechende oder herausstrahlende Freude ist ein wunderbares Geschenk. Sie wirkt ansteckend. Im Alltag wird unsere Fähigkeit, tiefe Freude zu empfinden, oft auf eine harte Probe gestellt. Wenn wir uns über eine Nachricht ärgern, ist der Zugang zur natürlichen Freude versperrt. Wenden Sie dann den Blick vom Smartphone ab. Machen Sie sich bewusst, was gerade schön ist. Vielleicht malen die Sonnenstrahlen interessante Muster an die Bürowand. Vielleicht steht auf Ihrem Schreibtisch ein Gegenstand, der Ihnen Freude bereitet. Oder Sie lassen den Sonnenuntergang auf dem Bildschirmschoner auf sich wirken. Sie können etwas wählen, was Sie erfreut, und sich für einen Moment darauf konzentrieren und lächeln, diesem Gefühl nachspüren.

Lächeln öffnet den Zugang zum inneren Raum der Freude. In diesem Moment die Leichtigkeit des Seins wirken lassen, die das Lächeln hervorruft. Wenn wir dies immer wieder üben, treten Ereignisse, die wir belastend finden, nach und nach in den Hintergrund. Sie sind in diesem Augenblick schon Vergangenheit. Wenn wir uns selbst ein Lächeln auf die Lippen zaubern, verändert sich unsere innere Haltung. Wenn wir das innere Lächeln immer wieder praktizieren, wird der Raum der Freude in uns größer. Wir können den Tag freudig gestimmt beginnen. Alles, was wir tun, verliert seine Schwere. Mit einem inneren Lächeln kann uns niemand böse sein. Wenn daraus ein freudiges Lachen entsteht, sind wir vollkommen im Augenblick. Es gibt in diesem Moment keine Gedanken, keine Vorwürfe, keine Verwicklungen. Nicht immer bietet sich eine Gelegenheit, herzhaft zu lachen. Den Blick auf das zu lenken, was an diesem Tag bereits Gutes geschehen ist, kann bereits helfen, wieder Zugang zur Freude zu finden.

Unabhängig von allen Schwierigkeiten, denen wir begegnen mögen, gibt es immer auch etwas Positives. Wir können unsere Umgebung so gestalten, dass unser Blick immer auf etwas fällt, das uns inspiriert oder zum Lächeln animiert. Ein schönes Landschaftsbild, ein witziger Screensaver, ein schöner Ausblick aus dem Fenster. Solange wir nur auf die Probleme schauen, stecken wir fest und sind verwickelt. Wir finden keine befriedigende Lösung. Ein Hauch von Freude, ausgelöst durch einen Wechsel der Blickrichtung, kann die Kreativität wieder in Fluss bringen.

Samy, einem Softwareentwickler, gelang es, durch seine fröhliche Haltung eine Situation, die kurz vor der Eskalation war, zu entschärfen. Unmittelbar vor der Fertigstellung eines neuen Programms musste die Prozesssteuerung für die Logistik der Firma geändert werden. Alle Beteiligten waren sauer, vor allem Samys Chef. Samy war auch vollkommen entnervt, da die Kommunikation mit dem Kunden ohnehin extrem schwierig war und klare Vorgaben immer wieder gefehlt hatten. In einer kurzfristig anberaumten Telefonkonferenz war die Stimmung anfangs extrem angespannt.

Plötzlich kletterte ein großer Berner Sennenhund auf den Tisch und das Tablet. Nur noch das Bauchfell des Hundes war zu sehen. Aus dem Off war eine erschrockene Stimme zu hören »Wie kommt der Hund hier rein?« Sammy entfuhr spontan der Satz »So geht das Projekt vor die Hunde.« Dieser Kommentar hatte eine erstaunliche Wirkung. Die Situation mit dem Hund war so grotesk, dass alle anfingen zu lachen. Die Spannung löste sich im befreienden Lachen. Zur allgemeinen Überraschung zeigte sich, dass durch die schwierige Kommunikation von Samy mit der Logistikfirma und die fehlenden klaren Angaben die von ihm programmierte Software fast schon die neuen Logistikprozesse abbildete. So war in diesem Falle die fehlerhafte Kommunikation ein Segen. Dies führte bei den Beteiligten zu ungläubigem Grinsen und einer bis heute bestehenden freundschaftlichen Geschäftsbeziehung.

Samy konnte nur deshalb entspannt und fröhlich bleiben, weil er es sich schon lange zur Gewohnheit gemacht hatte, abends vor dem Einschlafen seinen Blick noch mals auf die guten Dinge des Tages zu lenken, statt grübelnd in den Fehlern zu versinken. Diese Übung ist sehr hilfreich, um den inneren Raum der Freude zu stärken. Freude ist ansteckend. Wenn wir die Mundwinkel nach oben ziehen, schüttet unser Gehirn wunderbare Neurotransmitter aus. Es muss gar nicht viel passieren, damit wir uns freuen. Wir freuen uns über ein unerwartetes Geschenk, wenn ein verschollen geglaubter Freund auf unserem Facebookaccount einen Kommentar hinterlässt oder überraschend netter Besuch auftaucht. Und wenn es anscheinend keinen Grund zur Freude gibt, hilft die folgende kleine Übung.

Übung 12

Uns ein Lächeln schenken

Ziehen Sie die Mundwinkel nach oben, lächeln Sie, auch wenn Ihnen gerade gar nicht danach zumute ist. Spüren Sie nach, wie Sie sich jetzt fühlen. Warten Sie mindestens drei Atemzüge. Lassen Sie sich überraschen. Meist stellt sich ein freudiges Gefühl ein. In diesem kurzen Moment der Stille, in dem Sie sich voll und ganz auf das Lächeln und den Atem konzentriert haben, sind Ärger, Neid oder Wut rasch verblasst. Sie können nicht gleichzeitig Freude und Ärger spüren.

Diese kurze Übung ist ein kleiner transformativer Schritt und jederzeit einsetzbar. Wie Samy sollten Sie sich jeden Tag Zeit für sich selbst nehmen. Zeit, die ganz Ihnen gehört. Eine halbe Stunde ist ein guter Anfang. In dieser Zeit können Sie mit einer der Übungen in diesem Buch experimentieren oder einfach in Stille sitzen. Die positive Ausstrahlung, die Sie nach einer Übungszeit haben, wirkt tiefer als das komplexeste digitale oder echte Make-over. Wenn Sie üben möchten, mit sich selbst gut umzugehen, sind die Übungen 11 und 12 oder die Übungen im Anhang besonders gut geeignet.

Sie können Freude bewusst kultivieren, sich mit der Freundin freuen, dass sie eine neue Liebe gefunden hat, und mit der Kollegin über den Karrieresprung. Sie können gleichzeitig üben, sich an sich selbst zu erfreuen. Daran, dass Sie Ihren eigenen, völlig individuellen Stilmix kreieren und nicht den Stil einer Instagram-Ikone kopieren. Daran, dass Sie wilde Kombinationen und Ideen wagen.

Mit vielem, was wir uns wünschen, werden wir am Ende doch nicht glücklich. Erforschen wir, was uns wirklich am Herzen liegt, was uns zum Leuchten bringt, ein feines Lächeln auf unser Gesicht zaubert, aus dem eine tiefe Freude wird. Unterschätzen wir die Kraft des Lachens nicht. Lachen und Freude wirken ansteckend und verbinden uns und andere mit der Leichtigkeit des Seins. Selbst wenn Ihnen gerade nicht danach zumute ist, kann Lachen den Grübelkreislauf durchbrechen und Sie in einen anderen Modus bringen. Wenn Sie lachen, können Sie nicht gleichzeitig nachdenken, grübeln oder sich ärgern. Sie wechseln die Perspektive und durchbrechen verkrustete Gedanken und Gefühlsspiralen wie in der Telefonkonferenz von Samy.

Möglicherweise sind komische Videos deshalb beliebt, weil sie uns nicht nur zum Lachen bringen, sondern auch in einen anderen inneren Modus. Allerdings nur, wenn wir nicht aus Schadenfreude lachen. Ein schadenfrohes Lachen unterbricht zwar auch kurzfristig den Gedankenstrom, doch Lachen auf Kosten anderer ist Ausdruck einer abwertenden Grundhaltung, mit der wir uns auch selbst schaden. Spontanes Lachen ohne Hintergedanken. Dem anderen etwas gönnen ohne Neid. Wenn uns das gelingt, können wir uns auch mit anderen über ihre Erfolge freuen. Den anderen in seiner ganzen Größe und Schönheit sehen, das Gute in ihm entdecken. Und wenn Neidgefühle auftauchen, trotzdem mit einem Lächeln experimentieren und fühlen, was passiert. Die Großzügigkeit und die Freude, die wir damit signalisieren, werden vom anderen zurückgespiegelt. Wir sehen uns lächelnd in den Augen des anderen. Und in den Augen des anderen lächeln wir uns selbst zu. Es ist die pure Freude am Leben selbst, die sich so ausdrückt.

Auch dies ist ein Übungsweg. Je öfter wir mit dem inneren Lächeln experimentieren, desto leichter fällt es uns. Nach und nach entstehen mehr Leichtigkeit und prickelnde Freude wie Champagnerperlen, ganz ohne Grund,

Glückseligkeit. Wir akzeptieren uns selbst, freuen uns über unsere besonderen Fähigkeiten und gehen gütig mit uns und unseren Mitmenschen um. Und manchmal füllt unser Lachen den ganzen Raum.

Über die Gelassenheit

Haben wir Güte, Liebe und Freude in unseren Alltag integriert und üben immer weiter, entsteht nahezu von selbst eine Grundhaltung der Gelassenheit. Die Erfahrung, dass es in uns eine Ebene gibt, die unerschütterlich ist und uns trägt, auch wenn mal wieder alles schiefläuft. Eine Ruhe im Sturm. Ein Gefühl von Zentriertheit und Ausgeglichenheit, dem eine tiefe Freude innewohnt. Gelassenheit ist nicht zu verwechseln mit Gleichgültigkeit. Gelassenheit ist die Fähigkeit, alle Gefühle und Gedanken vollkommen wahrzunehmen, ohne unmittelbar darauf zu reagieren. Die Gefühle und Gedanken sind da, aber sie lösen keine emotionalen Tsunamis aus. Auch Wut, der wir begegnen, löst keine Gegenreaktion aus. Wir erkennen, dass der andere wütend ist und wir selbst es auch sind, aber die Dramatik ist verschwunden. Die Wut, die in uns selbst auftaucht, verschwindet einfach wieder. Wir erkennen, dass da Wut in uns ist. Wenn wir gelassen bleiben, spüren wir das Gefühl aufsteigen, aber bevor es eine Aktion auslöst, versinkt es wieder im tiefen Ozean der Gelassenheit.

Wir können so viel besser die Ursache für ein Problem erkennen und uns darum kümmern, ohne anderen eine Szene zu machen. Um in Gelassenheit leben zu können, müssen wir uns Zeit geben, Gelassenheit immer wieder zu üben. Lassen Sie sich nicht von Rückschlägen entmutigen. Manchmal gelingt es wunderbar, im tiefen Frieden der Gelassenheit zu sein, dann wieder nicht. Das ist normal. Wenn Sie dem Übungsweg folgen, nähren Sie in sich eine starke Kraft, die Ihnen hilft, komplexe Situationen zu bewältigen. Eine Kraft, auf die Sie bauen können. Gerade, wenn es nicht rundläuft, ist das eine gute Gelegenheit zu erkennen, dass alles veränderlich ist. Auch Ihre Idealvorstellungen von Gelassenheit sind nur Vorstellungen und genauso flüchtig wie das, was Sie erleben. Am nächsten Morgen kann sich eine Situation, die Ihnen gestern noch die Gelassenheit geraubt hat, ganz anders anfühlen.

Alles ist veränderlich, nichts ist festgefügt, das ist Fluch und Segen zugleich. In diesem Spannungsfeld liegt der Schlüssel zur Gelassenheit. Dinge kommen, Dinge verschwinden wieder. Gefühle kommen, Gefühle verschwinden wieder. Das, was wir im tiefsten Inneren sind, unser unerschütterliches tiefstes Selbst, bleibt bestehen. Daraus entsteht wahres Mitgefühl. Gelassenheit hilft uns, die Gefühle der anderen besser wahrzunehmen und gleichzeitig nicht so stark darauf zu reagieren, uns nicht von jeder Gefühlsregung unseres Gegenübers erschüttern zu lassen.

Mit tibetischen Mönchen hat man hierzu Experimente im Kernspintomografen durchgeführt (23). Den Mönchen wurden, während sie im Kernspin lagen, erschütternde Bildsequenzen vorgespielt. Sie reagierten darauf unmittelbar sehr empathisch. Doch danach waren sie vollkommen gelassen und in tiefem Mitgefühl. Vollkommen anders reagierte die Kontrollgruppe, die aus meditationsunerfahrenen Probanden bestand. Diese waren vollkommen erschüttert, konnten sich aber aus dieser Erschütterung nur sehr langsam wieder lösen und blieben noch lange im Mitleiden stecken. Mitgefühl hingegen ist eine aktive, zugewandte Haltung, die das Leiden lindern will, ohne sich darin zu verstricken. Diese Haltung ist nur möglich, wenn wir uns emotional nicht zu sehr verwickeln lassen, sondern in unserer unerschütterlichen Mitte, also gelassen bleiben. Diese Haltung hatten die tibetischen Mönche lange in ihrer Meditationspraxis eingeübt und konnten sie im Kernspin abrufen.

Ein Manager in einem großen Konzern, mit dem ich mich über wichtige Qualitäten von Führungskräften austauschte, empfand Gelassenheit als herausragend wichtige Führungseigenschaft. Er war für einen großen Produktionsbereich zuständig. Hier gab es naturgemäß immer wieder Probleme mit Lieferungen, in der Zusammenarbeit mit der Entwicklung und bei der Steuerung von Abläufen. Für den Manager gehörten diese Probleme zum Tagesgeschäft, in Führungskräftetrainings hatte er Strategien gelernt, mit unvorhersehbaren Situationen umzugehen. Doch den entscheidenden Durchbruch brachte seine Meditationspraxis. In seiner täglichen Meditation versuchte er, immer wieder in den Zustand von Gelassenheit einzutauchen.

Dadurch veränderte sich nach und nach sein Umgang mit Problemen. Er nannte es Time-Management durch Gelassenheit. Durch die innere Grundhaltung der Gelassenheit veränderte sich sein Umgang mit Fehlern und komplexen, unerwarteten Situationen völlig. Früher war er oft sehr ärgerlich, verbrachte viel Zeit damit, einen Schuldigen zu finden, und war emotional sehr angespannt. Zum Leidwesen seiner Mitarbeiter. Die Gefühle schaukelten sich hoch, am Ende war viel Zeit vergangen und immer noch kein Lösungsansatz in Sicht. Je größer seine Gelassenheit wurde, desto rascher konnte er einen Fehler akzeptieren, ohne an die Decke zu gehen.

Er stellte sich nur eine einfache Frage: Ist dies ein einmaliges Ereignis? Oder weist dieser Fehler auf ein tiefergehendes Problem hin? Die Mitarbeiter arbeiteten lösungsorientiert und konnten sich ganz auf die im Augenblick nötigen Schritte konzentrieren. Die neue Klarheit und Gelassenheit im Umgang mit Fehlern brachten der Firma mehr Zeitersparnis als jedes klassische Zeitmanagement-Seminar. Nebenbei entstand dadurch ein Klima der kooperativen und wertschätzenden Zusammenarbeit.

Wenn wir gelassen sind, sind alle unsere Gefühle vollkommen spürbar, aber es bleibt eine innere Ebene des Friedens, die wie ein stiller See in der Tiefe ruht, unbeeinflusst von emotionalen Turbulenzen. Dadurch öffnet sich ein Raum, der unser Blickfeld weitet. Wir können die Trauer der gegnerischen Fußballmannschaft ebenso spüren wie die Freude über den Sieg. Wir sehen das ganze Bild, ohne die Brille unserer Wertungen und Vorlieben. Daraus können Mitgefühl, Großzügigkeit, Stille und Gelassenheit erwachsen. In diesen offenen Räumen können wir die schöpferische Kraft gewinnen für neue Ideen und ungewöhnliche Lösungen. Güte, Liebe, Freude und Gelassenheit bilden eine Grundlage, um die Gestaltungsmacht über unser Leben zurückzugewinnen.

Die folgende Übung können Sie zu jeder Tageszeit beginnen. Wunderbar ist sie auch am Abend vor dem Einschlafen. Legen Sie Ihre elektronischen Freunde zur Seite. Schalten Sie sie in den Flugmodus. Nehmen Sie sich 20, besser noch 30 Minuten Zeit. Programmieren Sie Ihren Timer, noch besser eine Meditationsuhr.

Übung 14

Gelassenheit

Setzen Sie sich aufrecht hin. Schließen Sie die Augen. Erlauben Sie sich anzukommen. Wenn es etwas stiller wird, stellen Sie sich vor, Sie sitzen auf einem kleinen Hügel. Ihr Blick schweift über einen großen See. Dieser ruht in großer Stille, tief und wunderbar. Selbst die kleinen Wellen, die die Oberfläche kräuseln, verändern nichts an der großen, weiten Stille des Sees. In seiner Tiefe liegt er vollkommen ruhig. Am anderen Ufer sehen Sie die Sonne untergehen. Die Sonnenstrahlen spiegeln sich auf der Oberfläche des Sees. Ruhig liegt er da. Die Spiegelungen des Lichts können seine Ruhe nicht stören. Während Sie auf diesen See blicken, können Sie die große Stille spüren. Nehmen Sie die Stille und Gelassenheit in sich selbst wahr.
Nichts kann Sie erschüttern, wenn Ihr Blick auf dem inneren See der Gelassenheit ruht.
Öffnen Sie die Augen und nehmen Sie die Stille mit.

Diese Übung führt dazu, gelassener mit uns selbst und unseren Mitmenschen umzugehen, auch mit Menschen, die wir schwierig finden. Gleichgültig, ob wir diesen nur virtuell oder im alltäglichen Leben begegnen. Die Basis ist Gelassenheit mit uns selbst. Wir sollten warten, bis die Verbindung mit dem inneren Feld der Gelassenheit spürbar wird. Ein tiefes Feld der Transformation. Bleiben Sie geduldig mit sich, auch wenn das in der Hektik unserer Zeit nicht leicht ist. Die Geduld, die Sie nach und nach erfahren, wird Ihnen helfen, gelassener und großzügiger mit anderen umzugehen, auch wenn sie einen Fehler machen. Wenn wir vollkommen mit uns selbst eins sind, können wir auch in kritischen Situationen wie ein Fels in der Brandung stehen. Unsere Gelassenheit strahlt aus und wirkt sich heilsam auf die Menschen in unserer Umgebung aus. Auf den Schienen der tiefen Gelassenheit gleiten wir unerschütterlich durch die Höhen und Tiefen des Lebens. In der vernetzten digitalen Welt reicht unsere Wirkung weit über das lokale Umfeld hinaus. Die Gelassenheit hält Einzug in die digitale Welt.

Der Kern

Güte, Liebe, Freude und Gelassenheit können wir durch tägliches Üben entwickeln.

Diese Qualitäten helfen uns, aus dem Auto-Mode des kontinuierlichen Gedankenstroms auszusteigen.

Wir erkennen immer deutlicher, was wirklich gerade los ist.

Indem wir immer wieder innehalten und einen Schritt zurücktreten, schaffen wir Raum für uns selbst und für ruhiges gelassenes Handeln.

Unser Leben ist ein kontinuierlicher Übungsweg.

KAPITEL 7

Weise handeln, Weisheit jenseits aller Weisheit

Ein schwebendes Blatt
Zeitlosigkeit der Stille
Einfach nur hier sein

Dieses Kapitel ergründet die Tiefen der spirituellen Erfahrungen und ihre Auswirkungen in der digitalen Welt. Manches mag Ihnen unverständlich scheinen. Wenn Ihnen etwas zu weit entfernt von Ihrer eigenen Lebenswelt erscheint, werfen Sie vielleicht zu einem späteren Zeitpunkt noch einmal einen neugierigen Blick in dieses Kapitel und springen jetzt gleich zur Essenz am Ende des Buches.

Die letzte, entscheidende Qualität, die es zu entwickeln gilt, ist Weisheit. Weisheit geht weit über Wissen hinaus, ist Ausdruck tiefer Einsicht und Erfahrung und zeigt sich in angemessenem, heilsamem Handeln. Uns selbst liebevoll zu begegnen und von da aus auch mit unseren Mitmenschen gütig umzugehen ist die Voraussetzung dafür, umsichtig und weise zu handeln. Im Umgang mit uns selbst, mit Menschen, die uns herausfordern und an Grenzen bringen, und im Umgang mit den Verlockungen der digitalen Welt.

Auch wenn Weisheit über Wissen hinausgeht, so braucht Weisheit doch Wissen. Nicht nur antrainiertes, angelesenes Faktenwissen, auch Wissen, das wir durch vielfältige Erfahrungen gesammelt haben. Emotionales Wissen, Handlungswissen und intuitive Erfahrungen, die über die rein kognitive Ebene hinausgehen. Durch Bücher, Texte, Filme und Videos, die uns berühren, etwas in uns zum Klingen bringen oder uns in fremde Sichtweisen eintauchen lassen und so unseren Wahrnehmungshorizont erweitern und die rein analytische Ebene überschreiten.

Um uns umfassendes Wissen anzueignen, brauchen wir den Willen, etwas in der Tiefe verstehen zu wollen. Unser scheinbar unverständliches Handeln, die Gedanken von Menschen, die uns nahestehen, die Motive von Filmcharakteren, die uns in ihrer Widersprüchlichkeit faszinieren. Ohne den Versuch, uns im Spiegel der anderen – seien es echte Freunde oder fiktive Figuren – immer wieder selbst zu reflektieren, bleiben wir stehen, entwickeln uns nicht weiter und verpassen die Chance, uns selbst wahrhaftig zu begegnen und weise zu werden.

Schon der alte japanische Zenmeister Muso Soseki (24) sprach über die Notwendigkeit, Erfahrungen gezielt zu reflektieren und gleichzeitig das ungerichtete Denken zu zähmen und schließlich aufzugeben. Das ist die Essenz jeder Meditation. Sie führt zu einer veränderten inneren Haltung uns selbst und dem Leben gegenüber. Eine ernsthafte, regelmäßige Meditationspraxis lässt uns irgendwann liebevoll und neugierig wie ein Forscher, der ein fremdes Volk erkundet, ohne zu wissen, was ihn erwartet, die Erfahrungen des Lebens betrachten. Nur beobachten, ohne gleich zu werten oder zu verurteilen. Vollkommen akzeptieren, was in diesem Augenblick geschieht. Akzeptanz ist kein Fatalismus, sondern die positive Annahme des Hier und Jetzt, der einzigen Zeit, die wirklich existiert. Aus dieser Grundhaltung erwächst Gelassenheit, die wiederum eine Grundessenz der Weisheit ist.

Das schreibt sich leicht und liest sich gut und ist doch so schwer umzusetzen, weil der Drang zu werten und zu urteilen stark ist und wir immer wieder aufs Neue unsere Absicht kultivieren müssen, eine andere, weisere Haltung zu entwickeln. Wenn die gnadenlose Instanz in uns, die uns selbst oder andere in die Pfanne hauen will, übermächtig wird und weises Handeln vereitelt, ist der beste Weg, das Destruktive zu stoppen, eine Meditationsübung.

Anhalten, den Körper spüren, den Atem wahrnehmen und für einige Minuten vollkommen akzeptieren, was im Augenblick gerade geschieht. Wenn wertende Gedanken auftauchen, sich immer wieder mit der Absicht verbinden, in einer bejahenden Haltung zu sitzen. Das bedeutet keineswegs, zu allem Ja und Amen zu sagen und nicht mehr zu handeln, sondern lediglich aus dem automatischen Getriebensein auszusteigen und aus einer Qualität von Stille und Zentrierung heraus der Situation neu zu begegnen und vielleicht eine gelassenere Antwort zu finden.

Mit einem digitalen Gegenüber, einer Nachricht, einem Post lässt sich diese neue Qualität leichter üben als im Konflikt mit einem Kollegen, der uns gerade harsch vor versammelter Mannschaft kritisiert. Wir werden dann rasch Opfer unseres Egos, das zurückschlagen, sich wehren und den Konflikt weiter anheizen will. Weise zu reagieren bedeutet aber, erst einmal gar nicht zu reagieren und in Ruhe zu beobachten und Klarheit zu finden über das, was gerade passiert. Nur in dieser kleinen Lücke kann Weisheit entstehen. Deshalb ist die digitale Welt ein idealer Sparringpartner für unseren Wandlungsprozess.

Am Computer haben wir die Kontrolle darüber, was wir uns anhören und anschauen. Wir können jederzeit wieder aussteigen. Wir können unsere Reaktionen betrachten und warten, bis wir wieder gelassener sind. Wenn wir innerlich einen Schritt zurücktreten, öffnet sich eine kleine Lücke, die in einen offenen Raum führt. Wenn wir regelmäßig meditieren und im Alltag immer wieder einen Schritt zurücktreten, können wir die Erfahrung machen, dass dieser offene Raum unsere tiefe Wirklichkeit ist. Wir sind dieser weite, offene Raum, in dem es weder äußere Einflüsse noch innere Stimmen und Antreiber gibt. Wenn wir in Kontakt sind mit diesem Raum, sind wir frei. Wir können tun, was uns heilsam erscheint, und lassen, was nur weitere Verstrickung bringt.

Wir können auch den Vorschlägen unseres virtuellen Gegenübers folgen, aber wir handeln nun bewusst, klar und frei, ohne von Gefühlen und Gedanken getrieben zu sein. Wir können auch Bilder gezielt nutzen, um in tiefere Weisheitsschichten einzutauchen. Vorausgesetzt, wir bleiben wach und empfänglich und nutzen die Bilderflut nicht, um uns innerlich zu betäuben und gefühllos zu werden. Wenn Bilder unser Herz berühren, Tränen oder eine Gänsehaut auslösen, sprechen sie am Intellekt vorbei eine tiefere Ebene in uns an. Für einen kurzen Moment sind wir dem begrenzten Raum des Alltagsdenkens enthoben und vergießen Tränen über das Leiden eines Obdachlosen, an dem wir im Alltag achtlos vorbeilaufen, den wir normalerweise verurteilen.

Aber plötzlich, in dieser einen Filmszene, schauen wir direkt in sein Herz, die Trennung ist aufgehoben, wir sind eins mit seinem Leiden und wundern uns über uns selbst. Wenn wir dieser kleinen überraschenden Erfahrung Raum geben und nachspüren, wird uns klar, dass die Fähigkeit, Mitgefühl zu empfinden, immer in uns ist, auch wenn ein Film gerade der Auslöser war. Das spontane Mitschwingen konnte nur entstehen, weil wir uns in manchen Situationen ähnlich fühlen wie die Filmfigur, die uns gerade zum Weinen bringt. Was hat das mit Weisheit zu tun? Jeder Moment, in dem wir spüren, dass die Mauern unseres Ichs nicht festgefügt, sondern durchlässig sind und in Wahrheit gar nicht existieren, ist eine Chance, ein wenig beweglicher und besonnener zu werden.

Je öfter wir die Erfahrung machen, dass wir nicht gewohnheitsmäßig eingefahrene Verhaltensmuster abspulen, sondern bewusster handeln, desto leichter gelingt es uns, anzuhalten und auf eine Antwort von innen zu warten, bevor wir handeln. So öffnet sich nach und nach das Feld der Alltagsweisheit. Die gewohnten Spurrillen unserer Reaktionen schleifen sich ab, und aus dem engen, kleinen Weg unserer üblichen Verhaltensweisen entwickelt sich ein weiter Raum. »Jenseits von richtig und falsch gibt es einen Ort. Dort treffen wir uns.« So beschreibt der Dichter Rumi auf wunderbare Weise die Erfahrung von Weisheit. Ohne den weiten, offenen Raum jenseits festgefahrener Meinungen kann keine tiefe Weisheit entstehen.

So kann jeder Gänsehautmoment ein Wegweiser auf dem Weg zu uns selbst werden. Wir können die Zahl der Wegweiser erhöhen, indem wir Filme und Dokumente mit Bedacht wählen. Erstaunlicherweise haben Fantasy-Filme und manche Science-Fiction das Potenzial, tiefe Ebenen in uns anzusprechen. Weil sie eine Metaebene enthalten, die Elemente von universeller Weisheit transportiert. Auch Berichte über Menschen, die Außergewöhnliches vollbracht haben, können transformierend wirken, ebenso Vorträge von spirituellen Lehrern und Weisheitslehrerinnen.

Vom Schein zum Sein – Wie wirklich ist die Wirklichkeit?

Dass Bilder so viel auslösen können, ist erstaunlich, denn sie haben keine Substanz und kein eigenes Bewusstsein, es sind Lichtreflektionen, die an eine Leinwand geworfen werden oder kurz auf einem Bildschirm aufleuchten. Sie sind auch nur für einen kurzen Augenblick sichtbar, und doch verändern sie unsere Gefühle und Stimmungen und verändern sogar unsere zerebralen Vernetzungen. Sehen wir uns ein Fußballspiel an und fiebern mit, werden sogar Muskelgruppen aktiviert, als würden wir in diesem Moment trainieren. Für unsere Reaktionen ist es vollkommen gleichgültig, ob sie durch Bilder, Posts oder eine Begegnung mit einem anderen Menschen ausgelöst werden. Alles, was wir erfahren, ist in diesem Moment absolut real. Und gleichzeitig ist es eine Illusion.

Die Bilder, die wir sehen, sind keineswegs real, sie sind nur in unserem Kopf. Betrachtet man eine Leinwand kritisch oder hochaufgelöst, findet man nur Farbpunkte oder im Hintergrund Bits und Bytes. Erst in unserem Gehirn entsteht ein Bild. Dies gilt in gleicher Weise für den Baum vor unserer Haustür. Wir schaffen diese Bilder, ausgelöst durch elektromagnetische Schwankungen, Farbflecken, die Licht einer bestimmten Wellenlänge reflektieren. Diese Wellen fallen in unsere Augen. Was wir für eine Wahrnehmung der äußeren Umgebung halten, sind Impulse in unserer eigenen Sehrinde.

Natürlich ist es überaus hilfreich, dass wir eine gemeinsame Sichtweise erlernt haben, die uns einen Baum als Baum erkennen lässt. Sonst könnten wir uns über unsere

Umgebung kaum verständigen. Bei näherer Betrachtung zeigt sich allerdings, dass diese Bildeindrücke unserer Welt keineswegs für jeden Menschen gleich sind. Manche Menschen hören Farben oder sehen die Inhalte eines Satzes in bunten Lettern vor sich. Erst unsere Reaktionen, unsere eigenen Erfahrungen erschaffen das, was wir für eine unverrückbare Wirklichkeit außerhalb von uns halten.

Die äußere Welt ist längst nicht so unbedingt, so festgefügt, wie wir bisher geglaubt haben. Wir brauchen Mut, um Bilder in dieser unbedingten Weise neu zu sehen und so unsere Reaktionen darauf zu verändern. Wir sind es, die kontinuierlich unsere eigene Welt schaffen. Unsere Haltung, unsere Prägungen, unsere Vorlieben wirken in uns und über uns auf alle Menschen, denen wir begegnen. Nur zu gerne schieben wir die Verantwortung für das, was geschieht, worunter wir leiden, aber auch worüber wir uns freuen, auf äußere Umstände.

Im Kontakt mit digitalen Bildern können wir uns klar darüber sein, dass es sich um eine künstliche Situation handelt. Auch wenn wir mit den Schauspielern mitfiebern, wissen wir auf einer Ebene, dass alles, was wir sehen, Fiktion ist und es den Helden in Wirklichkeit nicht gibt. Diese Fiktion zu erkennen ist für unser Ego möglich, unser eigenes Ich als Fiktion zu durchschauen fällt deutlich schwerer und ist bedrohlich. Im Kontakt mit den fluiden digitalen Welten realisieren wir, dass alles vollkommen veränderlich ist. Nichts hat wirklich Bestand, alles verändert sich kontinuierlich: unsere Gefühle, unsere zerebralen Aktivitäten, unsere neuronalen Vernetzungen. Unsere Gefühle sind flüchtig. Oft durch Gedanken ausgelöst, die Ereignisse aus der Vergangenheit als mögliche, oft katastrophale Zukunft ausgestalten. Wir gehen diesen künstlichen, virtuellen Bildern auf den Leim. Diese sind nicht realer als ein Traum oder ein Film. Wenn wir uns bewusst machen, dass alles, was uns aus der Ruhe bringt, keine echte Substanz hat, flüchtig ist, wird es einfacher, wieder zu unserer inneren Ruhe und Weisheit und damit zu unserem Wesenskern zu finden.

Die digitale Welt mit ihren flüchtigen, nicht wahrnehmbaren Rechenoperationen erscheint als interessanter Spiegel der veränderlichen Welt. Ein Stromausfall zur falschen Zeit, und alle Daten sind verloren. In dieser Blackbox eines Algorithmus ist nichts zu finden, was wir wahrnehmen könnten. Man kann natürlich elaborierte Nachforschungen anstellen, was geschehen sein mag, das hat aber mit dem Moment, in dem ein Deep-Learning-Algorithmus gearbeitet hat, nichts zu tun. Bits und Bytes sind nicht direkt sichtbar, flüchtig unauffindbar in einem mathematisch geschaffenen, unsichtbaren Universum. Und doch schaffen sie eine für uns erkennbare Realität. Ein Bild, ein Datensatz, eine Antwort auf unsere Suchanfrage, eine Filmempfehlung. Im nächsten Augenblick ist alles schon wieder verschwunden. Wenn wir auf diese Vorschläge reagieren, Gefühle und Gedanken auftauchen, gehen wir mit etwas in Resonanz, das einer realen Substanz entbehrt. Die Welt um uns herum ist aber gar nicht so verschieden von dieser künstlichen Welt.

In den Tiefen unseres Geistes wird dann allmählich klarer, dass auch unser Alltag in gewisser Weise eine Fiktion ist. Wir glauben etwas, wir sind wütend, weil uns jemand verletzt hat. Im Moment des Erkennens ist die Situation schon Vergangenheit und hat keine Substanz mehr. Stabilität können wir nur in der tiefen Ebene in uns finden, die ort- und zeitlos ist. Dort liegen die Quelle der Gelassenheit und die Quelle der Weisheit. Selbst die materiellen Dinge, die uns umgeben, der Tisch, das Smartphone, die Banane, sind flüchtig und rasch vergangen. Es bleibt nicht viel, die Banane fault, löst sich auf, und nichts, was an die Banane erinnert, bleibt zurück.

Unsere Wahrnehmung suggeriert uns, dass die Welt aus soliden Bestandteilen besteht. Doch sie verfallen und verflüchtigen sich und lösen sich irgendwann in nichts auf wie die Banane. Aber was ist beispielsweise mit einem Tisch? Ein Tisch ist doch absolut real, oder? Er hat unbestreitbar eine solide Oberfläche und Beine, die sich anfassen lassen. Doch je tiefer wir mit unserer Wahrnehmung in die Struktur des Tisches vordringen, desto mehr erkennen wir, dass da gar nichts wirklich Solides ist. Die Materie setzt sich aus Atomen zusammen, zwischen Elektronen, Protonen und Neutronen findet sich vor allem leerer Raum. Die einzelnen Bestandteile wirbeln permanent herum und verändern ihr Energieniveau.

Was wir für Materie halten, ist ein Bild, das in unserem Gehirn geschaffen wird. Wir könnten genauso gut den viel größeren leeren Raum sehen, aber dies entspricht nicht unserer antrainierten Wahrnehmung. In einem Tisch ist Leere ebenso vorhanden wie Materie. Unsere Wahrnehmung ist eigentlich eine Illusion. Da ist also Leere, Form und Materie, und wir stehen mit unserem Bewusstsein dazwischen. So sind die Datenströme, die wir nicht wirklich sehen können und die wellenförmig von Ort zu Ort gesandt werden, ebenso eine Form der Realität. Die Bilder eines Films unterscheiden sich nur graduell von unserer

Alltagswelt. Am Ende gibt es nichts, was wirklich Bestand hat.

Es ist unser Geist, der uns vorgaukelt, dass etwas beständig sei. Noch radikaler betrachtet ist alles, was existiert, reiner Geist. Nur dieser kurze Augenblick jetzt ist real. Eine Sekunde später ist er schon wieder Erinnerung. Wenn wir das in der Tiefe erkennen, haben wir die Chance, frei zu sein, und werden wir nicht mehr so leicht zum Opfer unserer Gefühle und Gedanken.

Uns selbst begegnen

Wenn wir mit unserem Geist, unserem Bewusstsein die Welt erfassen, verändern wir im selben Augenblick das, was wir beobachten. In der Quantenphysik kann man die Transition von Bewusstsein in Materie nachweisen (25). Auch hier zeigt sich, dass unser Geist unsere Welt gestaltet. Je tiefer wir versuchen, die Welt zu begreifen, desto unklarer wird, wer wir tatsächlich sind. Das Ich ist sehr veränderlich, die Substanz der Welt noch weniger zu fassen als ein Traum. Wer nimmt wahr? Was ist dieses Bewusstsein, das uns Rückmeldungen über die Welt gibt und sie zugleich mit erschafft? Gemeinhin sprechen wir von »Ich«. Doch Ich ist offenbar viele. Es gibt mindestens noch einen zweiten Betrachter, der dem »Ich« über die Schulter schaut und dessen Wahrnehmung kommentiert. Sehr zuverlässig in seinen Aussagen über die Welt scheint das Ich nicht zu sein.

Jeder hat schon einmal die Erfahrung gemacht, wie vollkommen verändert uns die Welt erscheint, wenn wir frisch verliebt sind. Es ist, als sähen wir alles zum ersten Mal. Ganz anders erscheint uns die Welt, wenn wir gerade verlassen wurden. Selbst ein harmloser Löwenzahn, der sich durch den Asphalt gekämpft hat, kann unsere wütenden Vernichtungsgefühle weiter anheizen. Die Wahrnehmung verengt sich. Die Wut taucht alles in ein dunkles Licht.

Offensichtlich ist unsere Sichtweise der Dinge ebenso fluide und unvorhersehbar wie die Rechenalgorithmen, die unser Verhalten verfolgen. Leider wissen diese oft besser über unser Gefühlsleben und unsere zukünftigen Entscheidungen Bescheid als wir selbst. Wie frei sind wir in unseren Entscheidungen, wenn unsere Reaktionen, so unberechenbar sie uns erscheinen, dennoch im wahrsten Sinn des Wortes berechenbar werden? Unsere freie und autonome Entscheidung, auf die wir so großen Wert legen, ist vorhersehbar. Wenn schon Rechenoperationen und Geschichten über uns selbst erzählen, die uns ansprechen und plausibel erscheinen, kann es mit der Substanz dessen, was wir für unser Ich halten, nicht weit her sein.

Diesem Ich-Konstrukt, das Algorithmen leicht entschlüsseln können, zu vertrauen, wäre also töricht. Wenn wir wirklich frei handeln wollen, müssen wir die Instanz in uns erforschen, die über unser berechenbares Alltags-Ich hinausgeht. Wenn wir völlig in die Stille eintauchen, sind da irgendwann keine Gedanken mehr, und doch sind wir immer noch da. In diese Dimension kann uns kein Algorithmus folgen. Wenn wir uns darüber immer wieder bewusst werden, wandelt sich das einfache Bewusstsein in ein Bewusst-SEIN. Wir betreten einen Raum jenseits des Alltags-Ich. Dort treffen wir auf uns selbst, pur, ohne Kommentare.

Dieser Raum ist mit dem Verstand nicht zu fassen. Wir können nur eintauchen, wenn wir das aktive Denken ruhen lassen und tiefer und tiefer in die Stille eintauchen, uns in uns selbst hineinfallen lassen, bis keiner mehr da ist. Aber wer nimmt dann überhaupt noch wahr? Im Zen wird dieses Hinausgehen über den Verstand systematisch geübt. Mit Koans, Rätseln, die mit dem logischen Verstand nicht zu lösen sind, deren Lösung wir nur unmittelbar erfahren können, wenn kein Ich da ist. Wenn das Denken sich totgelaufen hat, zum Stillstand gekommen ist und in der Lücke tiefe Erkenntnis durchbricht. Ein kurzer Augenblick des Kontakts mit unserem wahren Wesen, das das kleine Ich transzendiert. Ein kleiner Zipfel universeller Weisheit. Ein kleiner Erkenntnissprung.

Wie können wir uns immer wieder von unserem Alltags-Ich lösen und unserer vollen Größe begegnen, auch wenn gerade kein Zenmeister da ist, der uns ein Koan aufgibt? Und wie kann uns die digitale Welt dabei helfen? Was wird Ihnen im Netz gespiegelt? Wer ist es, der Ihre Entscheidungen fällt? Wer surft, liest, schaut? Wer nimmt die Farben wahr? Werden sie nur hervorgerufen durch einen chemischen Cocktail in der Sehrinde? Oder ist da noch mehr? Wer hört, wenn die Klänge von Spotify an Ihr Ohr dringen? Der Impuls im Hörzentrum kann im Kernspin sichtbar gemacht werden. Aber das Hörzentrum ist nicht die ganze Person, die hört. Es ist auch nicht nur der Körper, der Töne fühlt. Irgendwo dazwischen muss eine Instanz liegen, die alles verbindet. Wie entsteht die Erfahrung des Hörens? Wer formt die Klangwellen zu einem ganz besonderen Hörerlebnis? Diese Fragen sind Türöffner für den größeren Raum. So finden wir langsam zu unserem formlosen Kern. Dort liegt die Quelle der Weisheit. Einer Weisheit, die nicht an Erkenntnis und Wissen gekoppelt ist.

Doch oft gehen wir nicht tief genug. Wir geben uns mit dem Konstrukt des »Ichs« zufrieden, das wahrnimmt. Doch wie kommt es, dass das Ich über das Ich nachsinnen kann? Es muss also noch eine andere Ebene geben. Sind Ich und Bewusstsein eins? Ein Ich-Bewusstsein wäre eine Erklärung. Doch auch hierüber kann Ich (?) nachdenken. Wenn Schicht um Schicht unsere Konstrukte, was wir sind, abfallen, bleibt am Ende etwas, das hinter allem steht. Nicht greifbar und doch in allem präsent. So wie Rechenoperationen ohne reale Substanz eine Wirklichkeit schaffen, schaffen wir diese auch. Am Ende findet sich nichts, was bleibt, und alles ist trotzdem da. Wenn wir alle Konzepte, alle Vorstellungen, Gedanken an Vergangenheit und Zukunft loslassen, öffnet sich das Feld des reinen Seins.

Aus diesem Feld kann alles entstehen. Dieses Feld ist das Potential aller Möglichkeiten ohne Anfang und ohne Ende. In den alten Traditionen entspricht dies dem Tao, Prajnaparamita, Sophia, dem Urgrund, dem Göttlichen in uns. Wenn wir uns in diesem Raum niederlassen, ist da niemand mehr, der etwas wünscht, und keiner, der etwas berichten könnte. Alle Weisen, die darüber berichten, fanden dort tiefen, unerschütterlichen inneren Frieden. Die Weisheit jenseits aller Weisheit. Dort ist niemand, der schöpft, und niemand, der sucht. Erst wenn wir aus dieser tiefsten Tiefe wieder auftauchen und zurückkehren in das Alltagsbewusstsein, spüren wir, dass etwas Außergewöhnliches geschehen ist. Wir haben einen kleinen Blick ins

Paradies geworfen. Dorthin kann uns kein Algorithmus folgen.

Eine solche Erfahrung ist ein großes Glück und beschert uns die Erkenntnis, dass im tiefsten Grunde alle Dinge miteinander verwoben sind. Dabei ist dieser Ort wie unbeschriebenes Papier, es gibt dort keine Vorgaben, keine Einschränkungen, keine Wertungen. Die tiefste Weisheit kennt keine Moral im menschlichen Sinne und ist doch über alle Dinge erhaben. Dieser Ort liegt nicht in den Bergen des Himalaja, wir können ihn nirgendwo draußen finden, nur in uns selbst. Ein strahlender Ort, der keinen Schatten kennt. Doch an diesem Ort gelingt es uns nicht, dauerhaft zu bleiben. Wir kehren zurück in die Welt der Begrenzungen und Schatten, allerdings verwandelt, denn die Verbindung mit der größeren Dimension bleibt.

In der digitalen Welt finden wir eine interessante Parallele zur Arbeit mit Koans im Zen. Moderne Algorithmen finden Lösungen, an die Menschen bisher nicht gedacht hatten. Algorithmen sind sich dieser Fähigkeit aber nicht bewusst. Diese Fähigkeit zu erkennen und sich ihrer bewusst zu sein, setzt menschliches Bewusstsein voraus. Die Fähigkeit, außerhalb eines vorgegebenen Rahmens völlig neue Perspektiven zu erschließen, deren Dimensionen zu begreifen, haben Algorithmen aber (noch?) nicht. So können wir Algorithmen einen Schritt voraus sein.

Wir sind einerseits gläsern geworden und haben gleichzeitig jederzeit die Möglichkeit, uns anders zu entscheiden. Wir müssen den Rotwein, der nach den Berechnungen des Algorithmus am besten zu uns passt, nicht trinken und können den Film, den der Netflix-Algorithmus aussucht, ignorieren. Es bleibt immer unsere Entscheidung, was wir tun. Wir sind für unser Handeln verantwortlich. Je einfallsreicher wir mit Vorschlägen umgehen, je unerwarteter wir uns verhalten, desto intensiver sind wir in Kontakt mit dem, was wir tief im Inneren wirklich sind. Wo ein Gedanke auftaucht, der noch nicht gedacht wurde, dort begegnen wir uns selbst. Diesen Ort zu suchen, ist eine faszinierende Aufgabe. Dort liegt die Weisheit jenseits aller Weisheit. Wenn wir aus dieser heraus handeln, sind wir frei. Wir können uns dann auch frei in den virtuellen Räumen bewegen.

Wie ein Schatten folgt uns ein gut programmierter Algorithmus, der unser Verhalten im Netz analysiert, nach. Wir hinterlassen einen Kometenschweif der Erkenntnis im Netz. Das kann, wenn wir mit der tiefen Weisheit verbunden sind, neue Ideen verstärken. Allerdings nur, wenn wir uns mit Bewusstheit bewegen. So implementieren wir Verhaltensnormen in der digitalen Welt. Wir entwickeln Algorithmen, schulen und prüfen deren Effekte. Die meisten Menschen sind sich dieser Schöpferkraft im Netz nicht bewusst. Die Algorithmen lernen aus unseren Handlungen wie ein kleines Kind von seinen Eltern. Deshalb ist es essenziell, eine eigene innere Ethik mehr und mehr zu entwickeln, die innere Weisheit immer mutiger zu leben. Analog und digital.

Ethisch und weise zu handeln ist nicht leicht. Jede Transformation braucht Zeit. Die Erkenntnis, dass unsere Essenz viel weiter und größer ist, als wir bisher geglaubt haben, kann uns in Bruchteilen von Sekunden treffen wie ein Blitz. Doch es kann Jahre dauern, sie in unseren Alltag zu integrieren und unser Leben von innen zu transformieren. Vielleicht geschieht die Loslösung von unserem festgefügten Ich-Konstrukt auch in kleinen Schritten, durch kleine Erschütterungen oder Einsichtsblitze in der Meditation oder in unserem Alltag. Wenn wir üben, immer wieder wahrzunehmen, was wir gerade tun, und dies auch reflektieren, hat das große Auswirkungen auf uns selbst.

Die Erfahrung der inneren Freiheit, in jedem Augenblick entscheiden zu können, ob Sie sich einen Film downloaden oder lieber die Stille des Abends auf der Terrasse genießen. Ob Sie die Lektüre eines Buches unterbrechen, um eine aufpoppende Nachricht zu lesen, oder Ihre mentalen Kräfte lieber fokussieren und bei dem bleiben, was Sie gerade tun. Je öfter Sie sich bewusst gegen Ablenkung entscheiden, desto mehr stärken Sie die Qualität von Konzentration und Zentrierung und bahnen gewissermaßen neue Spuren im Gehirn.

So verändern wir uns und unser Verhalten mit neuen Gewohnheiten und damit auch unsere Spuren in der digitalen Welt. Jede Erfahrung, die wir machen, verändert auch die Spuren, die wir im Netz hinterlassen. Fußabdrücke unserer persönlichen Entwicklung, unserer inneren Haltung, unserer Ethik und unseres Mitgefühls. Da Menschen und Algorithmen uns folgen, werden diese unsere veränderte Haltung weiterverbreiten, unsere Nachrichten teilen, unsere Bilder liken. Wenn es uns mehr und mehr gelingt, Liebe, Güte und tiefe Weisheit zu kultivieren aus dem Wissen über das wahre Wesen der Welt, wird diese Güte auch spürbar in dem, was wir teilen und mitteilen.

Wir haben erkannt, was wir wirklich sind, sind aufgewacht aus der Illusion eines einfachen Ichs in das wahre Sein. Wir sind nicht mehr Spielbälle der digitalen Tools, sondern können sie mit einem höheren Bewusstsein nutzen. In dem Maße, in dem wir uns aus den Verstrickungen unserer Alltagswelt befreien, bringen wir auch Bewusstheit ins Netz. Wir erleuchten die digitale Welt. Mit jedem Click, jeder Vernetzung, jedem Blog hinterlässt unser verändertes Bewusstsein Spuren. Unser Erwachen wird digital immer weiter transportiert, mit jedem Follower, jedem, der unsere Bilder und Kommentare teilt. So wird aus der digitalen Welt, wie wir sie kennen, allmählich eine erleuchtete digitale Welt. Wie in alten Zeiten, als der Kontakt mit Buddha, Jesus oder einem anderen großen Weisen dazu führte, dass die Menschen selbst einen höheren Bewusstseinsgrad erreichen und so erwachen konnten und tiefen inneren Frieden fanden.

Das kann auch in den virtuellen Welten des Netzes geschehen. Der Bewusstseinsgrad, mit dem wir uns dort bewegen, überträgt sich auf die, mit denen wir verbunden sind. Unsere Spuren im Netz sind für eine lange Zeit fixiert. Deshalb ist es wichtig, gut zu überlegen, was wir dort hineingeben. Es braucht keine Jünger mehr, die über unsere Erfahrungen berichten, wie es ihnen selbst ergangen ist. Wir brauchen keine langen Sutren und heiligen Texte, die versuchen, unsere Erkenntnisse zu vermitteln. Solange unsere Spuren im Netz zu finden sind, Menschen unsere Videos und Bilder auf ihrem Rechner speichern, ist eine direkte Wirkung möglich.

Die Erfahrungen, die wir selbst gemacht haben, sind nachvollziehbar und in bisher nicht bekannter Weise erfahrbar. Unabhängig von Raum und Zeit kann unsere eigene Transformation so viele Menschen erreichen und heilsam wirken. YouTube-Videos großer spiritueller Lehrer sind hierfür ein gutes Beispiel. Ihre Worte und Gesten berühren unser Herz. Wenn wir durch einen Vortrag angerührt werden, geht unser inneres Wesen in Resonanz. Wir fühlen uns tief mit uns selbst verbunden. Auch wenn diese Anstöße von außen kommen, sind sie auf wundersame Weise Wegweiser zu uns selbst. Die Gefühle und Körperempfindungen, die sie auslösen, sind verlässliche Detektoren unserer inneren Wandlung.

Die Wechselwirkungen zwischen Mensch und Maschine sind vielgestaltig. Wenn Algorithmen von uns lernend Musik komponieren und Gedichte schreiben, kommt manchmal Erstaunliches dabei heraus. Wir sollten dies als Chance zur Weiterentwicklung der Menschheit begreifen. Natürlich sind auch Algorithmen, die Kampfdrohnen im Krieg steuern, kreativ. Es kommt also darauf an, in welche Richtung wir uns entwickeln. Schaffen wir gut programmierte Algorithmen, übertragen diese subliminale Information über den Weg vom Bewusstsein zum Handeln. Weisheit, Güte und Mitgefühl können in digitaler Form im Raum zwischen den Rechenoperationen der Algorithmen unsichtbar wirken. Radiowellen besitzen auch kein Bewusstsein der Inhalte, die sie transportieren.

Ebenso wenig braucht es ein Bewusstsein des Netzes, eine sogenannte Singularität, um solche Informationen zu übertragen. Es ist unsere Entscheidung, wohin wir unsere Energie, unsere Aufmerksamkeit, unser Bewusstsein und unseren Geist lenken. Mit dem, wofür wir uns entscheiden und was wir auswählen, schaffen wir kontinuierlich unsere eigene Welt. In der digitalen Welt ist dies viel offensichtlicher als in unserer Alltagsrealität. Auch die schlauesten Algorithmen schaffen eine andere Welt nur, wenn wir es zulassen. Sie lernen und entwickeln sich aus dem, was wir ihnen als Vorlage liefern. Wenn wir in tiefer Weisheit handeln, werden diese auch weise werden. Dann sind wir der Spiegel der digitalen Welt und umgekehrt. Das zu erkennen, eröffnet Möglichkeiten, die Welt heilsam zu gestalten.

Dafür müssen wir bereit sein, immer wieder in den digitalen Spiegel zu blicken und unser Handeln liebevoll und neugierig zu betrachten. Innehalten, uns selbst spüren, in reines Sein eintauchen und daraus handeln. Damit uns das gelingt, müssen wir uns regelmäßig Zeit für uns selbst einräumen. Uns selbst analog aushalten, ohne die virtuelle Welt als Fluchtweg zu benutzen. Nur so können die leeren inneren Räume entstehen, in denen sich kreative Ideen ausbilden, losgelöst von Vorurteilen und alten Gewohnheiten. In diesem Raum sind wir den Maschinen überlegen. Schon im Daodejing heißt es: »Die Welt erobern und behandeln wollen, ich habe erlebt, dass das misslingt. Die Welt ist ein geistiges Ding, das man nicht behandeln darf …«(26). Setzen wir uns einfach hin. Spüren wir unseren Körper in tiefer Einheit mit dem Geist und begegnen uns selbst in allem, was ist.

Übung 15

Einfach nur sein

Für diese Übung ist es sinnvoll, zunächst eine kleine körperliche Vorübung zu machen. Sie können beispielsweise einige Liegestützen machen oder eine isometrische Übung. Gehen Sie in den Ellbogenstand mit ausgestreckten Beinen und angespanntem Bauch und verharren Sie so für 15 bis 30 Sekunden. Machen Sie dann 30 Sekunden lang eine Pau-

se und wiederholen Sie die Übung. Passen Sie die Intensität der Übung Ihrem Trainingsstand an. Ein wenig Anstrengung sollten Sie in jedem Fall spüren. Auch die Yogaübung »Das Brett« eignet sich als Vorübung.
Knien Sie sich anschließend auf den Boden oder setzen Sie sich auf ein Meditationsbänkchen oder einen Hocker. Setzen Sie sich aufrecht hin, spüren Sie Ihren Körper und den Atem. Lassen Sie die Augen geöffnet. Spüren Sie, wie Sie mit jedem Atemzug ein wenig mehr zur Ruhe kommen. Richten Sie nun Ihre Aufmerksamkeit auf den Unterbauch. Folgen Sie der Ausatmung bis in den Unterbauch. Wenn Sie ganz bei sich angekommen sind, lenken Sie Ihre Aufmerksamkeit zu den Augen. Sehen Sie so konzentriert wie möglich. Buddha sagte hierzu: »Blicke intensiv, ohne die Aufmerksamkeit auf irgendetwas speziell zu lenken. Sei ganz dieses Sehen, dann suche in dir, ob du den finden kannst, der sieht. Dann lass die Anspannung, das Suchen, die Vorstellung einfach los. Bleibe vollkommen aufmerksam, sitze da, vollkommen mit dir selbst.«
Alles ist da, manchmal ist auch nichts da, nichts mehr zu sehen. Spüren Sie die Kraft und Energie in Ihrem Körper. Dann lösen Sie sich allmählich auch aus dieser Wahrnehmung. Alles ist so, wie es gerade ist. Nur sitzen, nur sein, von Augenblick zu Augenblick.

Wenn wir auf diese Weise meditieren, dann forschen wir intensiv nach dem, was bleibt, wenn wir nach und nach alles loslassen. Wenn wir einfach nur sind, einfach nur sitzen. Da ist nichts mehr zwischen uns und der Wirklichkeit.

Vor uns liegt nun ein Weg, der in eine große Freiheit mündet. Eine innere Freiheit, die unabhängig von unseren Lebensumständen ist und einem Gefangenen genauso offensteht wie einem Multimillionär auf einer Insel. Diese Freiheit ist immer vorhanden. Wenn wir aus ihr heraus handeln, werden wir wahrhaft weise handeln ohne egozentrische Begehrlichkeiten. Um dorthin zu gelangen, sollten wir all unsere Kraft, unsere Disziplin und unseren Willen in die Suche nach uns selbst investieren, die Verlockungen der virtuellen Welt eine Weile zur Seite schieben, uns Zeit nehmen für Stille. Wenn wir uns einmal in der Tiefe unseres Wesens selbst begegnet sind, entsteht eine tiefe Sehnsucht nach unserem leuchtenden Kern. Bis wir unzertrennbar eins sind mit uns selbst und mit allem, was uns umgibt. Dann fallen die Begrenzungen von Körper und Geist von uns ab. Wir sind vollkommen wir selbst und vollkommen frei.

»Live long and prosper« (Lebe lang und wachse, entwickle dich). Mit dem Gruß der Vulkanier aus dem Science Fiction »Raumschiff Enterprise« endet dieses Buch. Wir machen uns auf den Weg in ein Land, in das bisher nur wenige Menschen gelangt sind. Dieses Buch soll dazu dienen, den Weg der Erkenntnis für alle Menschen zu öffnen.

Immer wenn wir uns selbst in der Meditation und im Alltag begegnen und die Türe zu uns und dem Raum der Stille öffnen, kommen wir der tiefen Weisheit unseres Herzens näher. Noch dahinter liegt eine Weisheit jenseits unserer Vorstellungen, die für die Weiterentwicklung dieser Welt und ihres digitalen Spiegels unerlässlich ist. Wenn wir uns in dieser Weise verändern, können wir diese Welt transformieren und retten. So gestalten wir unsere Welt und deren digitales Abbild in jedem Augenblick. Wenn die

Programme sich irgendwann über die Erfahrungen der Menschen hinausentwickeln, liegt es an uns, wie wir damit umgehen.

Es mag nötig sein, neu zu ergründen, was Bewusstsein bedeutet. Durch die Weiterentwicklung von Datenwelten können sich durchaus Ebenen eines bewussten Seins entwickeln, die wir uns mit unserem Alltagsbewusstsein nicht mehr erschließen können und die mit unseren Vorstellungen nichts mehr zu tun haben. Aber unsere Vorstellungen sind auch nur flüchtige Ideen des Augenblicks. Wenn wir den Veränderungen offen gegenübertreten, uns einlassen auf das, was wir im tiefsten Inneren sind, können wir auch diese Ebenen erfahren. Ähnlich wie Heilige und Dichter Welten jenseits des menschlichen Erfahrungshorizonts schon immer beschrieben haben, können auch wir den neuen digitalen Welten begegnen. Dahinter liegt wie für alles, was uns umgibt, die Urquelle allen Seins, wir können es Gott nennen oder den Urgrund, aus dem alles entsteht. Diese Quelle ist vollkommen unveränderlich. Die unsichtbare Kraft, die allem Sein innewohnt. Alles, was ist, war und sein wird, speist sich aus dieser Quelle von Augenblick zu Augenblick.

So können wir, wenn wir völlig in diesem Augenblick präsent sind, fühlen, was richtig ist, und entscheiden, was zu tun ist. So kann sich die virtuelle Welt der Algorithmen in eine für alle Wesen heilsame Richtung entwickeln. Die Vergangenheit bestimmt nicht mehr unser Handeln, und wir sind frei. Damit ist auch die virtuelle Welt frei, erleuchtet und Lehrer für alle, die mit ihr in Kontakt treten.

Und jeder dieser Augenblicke ist ein neuer Anfang, und jedem Anfang wohnt ein Zauber inne … (27)

ÜBUNGSANHANG

Hier habe ich noch einige Übungen zusammengestellt, die besonders dann hilfreich sind, wenn wir mit besonders schwierigen Problemen ringen. Diese ersetzen nicht das Gespräch mit einem Arzt, Therapeuten oder auch einem erfahrenen spirituellen Lehrer. Sie haben aber eine große transformative und heilsame Kraft, wie ich in vielen Gesprächen erfahren konnte. Wählen Sie die Übung, zu der Sie sich spontan hingezogen fühlen. Bevor Ihr Verstand Ihnen weismachen will, was passend oder weniger passend ist. Es gibt keine bessere oder schlechtere Übung, es gibt nur die Übung, die Sie jetzt gerade jetzt brauchen.

Übung 15

Liebe

Setzen Sie sich aufrecht hin oder legen Sie sich hin. Legen Sie die Hände im Sitzen vor Ihren Unterbauch. Falls Sie liegen, lassen Sie die Hände auf dem Brustkorb ruhen. Schließen Sie wenn möglich die Augen.
Nehmen Sie Ihren Atem wahr. Spüren Sie nach, wie der Körper sich beim Einatmen und Ausatmen verändert. Nehmen Sie die feinen Bewegungen genau wahr. Spüren Sie Ihren Unterbauch, folgen Sie dem Ausatem bis in den Unterbauch. Wenn Ihre Hände auf dem Unterbauch liegen, lenken Sie Aufmerksamkeit beim Ausatmen dorthin. Lenken Sie beim Einatmen die Aufmerksamkeit auf den Brustkorb, wenn Ihre Hände dort liegen, spüren Sie die Bewegung unter den Händen.
Stellen Sie sich ein großes, goldenes Feld im Brustkorb vor. Spüren Sie die goldene Wärme dieses Feldes, das sich beim Einatmen ausdehnt.

Nehmen Sie die Verbindung zum Unterbauch beim Ausatmen wahr, wenn Sie Ihren Atemrhythmus gefunden haben. Wenden Sie sich liebevoll mit folgenden Sätzen an sich selbst: Möge ich glücklich sein. Möge ich gut mit mir umgehen. Möge ich liebevoll mit mir umgehen. Möge ich mich freuen, möge ich mit Leichtigkeit und in Gelassenheit leben. Wiederholen Sie innerlich diese Sätze ganz langsam und spüren Sie ihnen im Körper nach.
Wenn Sie sich mit dieser Übung wohlfühlen, können Sie andere Menschen, die Sie kennen, und nach und nach alle Menschen in die Übung einschließen.
Mögen meine Freunde glücklich sein, mögen sie allzeit gut zu sich sein, mögen sie liebevoll mit sich umgehen, mögen sie sich freuen, mögen sie mit Leichtigkeit und in Gelassenheit leben. Spüren Sie die goldene Wärme, die vom Brustkorb ausgeht.
Mögen die Menschen, mit denen ich Schwierigkeiten habe, glücklich sein. Mögen sie gut mit sich umgehen, mögen sie liebevoll zu sich sein, mögen sie Freude empfinden, mögen sie mit Leichtigkeit und in Gelassenheit leben.
Mögen alle Menschen glücklich sein, mögen alle Menschen gut mit sich umgehen, mögen sie liebevoll zu sich sein, mögen sie Freude empfinden, mögen sie mit Leichtigkeit und in Gelassenheit leben.
Sie können diese Sätze mehrfach wiederholen und die Übung jederzeit beenden, falls Sie sich nicht mehr wohlfühlen damit, und einfach zur Atmung zurückkehren. Bleiben Sie in jedem Fall in Stille sitzen, bis der Gong oder der Timer ertönt.
Beenden Sie die Übung immer, indem Sie den Atem wahrnehmen, die Augen wieder öffnen und den Blick in die Um-

gebung richten. Sie können auch einige Minuten in dieser Wahrnehmung von Körper und Atem verbringen.

Die nächste Übung ist besonders gut für Menschen, die von Schuldgefühlen geplagt werden und glauben, etwas nicht richtig gemacht zu haben. Fehler zu machen gehört zur menschlichen Natur. Vergeben Sie sich selbst.

Übung 16

Liebevoll und gütig mit mir selbst umgehen, mir selbst vergeben und verzeihen

Setzen Sie sich aufrecht hin oder legen Sie sich hin. Legen Sie die Hände im Sitzen vor Ihren Unterbauch. Falls Sie liegen, lassen Sie die Hände auf dem Brustkorb ruhen. Schließen Sie wenn möglich die Augen. Nehmen Sie Ihren Atem wahr. Spüren Sie nach, wie der Körper sich beim Einatmen und Ausatmen verändert. Nehmen Sie die feinen Bewegungen genau wahr. Spüren Sie Ihren Unterbauch, folgen Sie dem Ausatem bis in den Unterbauch. Lenken Sie beim Einatmen die Aufmerksamkeit auf den Brustkorb. Spüren Sie die Bewegung, wenn Ihre Hände dort liegen. Stellen Sie sich ein großes, goldenes Feld im Brustkorb vor. Spüren Sie die goldene Wärme dieses Feldes, das sich beim Einatmen ausdehnt. Nehmen Sie die Verbindung zum Unterbauch beim Ausatmen wahr. Wenden Sie sich mit folgenden Sätzen an sich selbst: Ich habe etwas einfach nicht verstanden, ich vergebe mir. Wiederholen Sie diesen Satz immer wieder. Fühlen Sie tief im Herzen, dass Sie sich wirklich vergeben. Lächeln Sie sich zu.

Wenn Gedanken und andere Sätze in Ihrem Geist auftauchen, kehren Sie immer wieder zum ersten Satz zurück.

Diese Meditation ist außerordentlich wirkungsvoll und kann Schmerzen und Hindernisse nach und nach beseitigen. Wenn es Ihnen schwerfällt, länger stillzusitzen, weil zu viele Gedanken und Gefühle auftauchen, probieren Sie Meditation in Bewegung aus. Nehmen Sie Ihren Körper im wahrsten Sinne des Wortes mit.

Suchen Sie einen Weg, auf dem Sie ohne große Hindernisse gehen können. Sie können im Garten gehen oder auch einfach in Ihrer Wohnung oder in Ihrem Haus. Falls Sie zufällig ein Kloster mit Kreuzgang in der Nähe haben, ist das der perfekte Ort für Gehmeditation. Genau hierfür wurden diese Gänge geschaffen. Innere Unruhe ist keineswegs ein Phänomen unserer Zeit, immer schon waren Menschen mit schwierigen Problemen konfrontiert. Sich zu bewegen ist weitaus effektiver, als die nächste digitale Ablenkung zu nutzen. Ein Spaziergang in einer virtuellen Umgebung ist für diese Übung ungeeignet, wir sind Körper, nicht substanzlose Algorithmen.

Übung 17

Gehmeditation, mit schwierigen Gefühlen umgehen

Stellen Sie sich entspannt hin. Lassen Sie die Hände entweder an der Seite herunterhängen oder legen Sie die Hände unterhalb des Brustbeins aufeinander. Dann beginnen Sie zu gehen. Spüren Sie den Boden unter Ihren Füßen, nehmen

Sie die Dynamik des Gehens wahr. Sagen Sie sich innerlich, wenn Sie den rechten Fuß auf den Boden setzen: Ich vergebe mir. Wenn dann der linke Fuß auf den Boden kommt: Ich vergebe dir. Dann wieder der rechte Fuß: Du vergibst mir. Nach und nach stellt sich mit den Worten und Schritten eine Einheit, ein Rhythmus ein. Gleichzeitig tauchen Gedanken und Gefühle auf, aber je intensiver Sie mit Ihren Sinnen beim Gehen und Ihren Sätzen sind, desto weniger Gedanken tauchen auf. Diese Form der Meditation ist eine wunderbare Übung für die Mittagspause, einen Spaziergang oder für einen Rundgang im Haus bei schlechtem Wetter. Spüren Sie auch immer wieder im Herzen, wie Sie sich und anderen vergeben und diese auch Ihnen vergeben. Mit dieser kraftvollen Übung können Sie lernen, Schritt für Schritt loszulassen.

Hier noch eine kleine Auswahl an Meditations-Apps, die häufig genutzt werden, ohne Anspruch auf Vollständigkeit. Einfach ausprobieren.

1. Insight Timer
2. Calm
3. 7Mind
4. Headspace
5. Meditation & Relaxation
6. Meditation des Tages
7. Buddhify
8. Stop, Breathe & Think
9. Omvana
10. Zenify

Glossar

3D-Rendering: Rechnerische Darstellung von Bilddaten. Aus diesen Bilddaten wird ein dreidimensionales Objekt berechnet, wie zum Beispiel die Körperoberfläche oder die Gesichtszüge eines Menschen.

Algorithmus: Eine Folge von Anweisungen, deren Schritte immer wieder wiederholt werden, um eine bestimmte Fragestellung zu beantworten. Hierzu sind oft Computer mit großer Rechenleistung notwendig. Diese Algorithmen können zum Beispiel zur Analyse von Bildern genutzt werden (siehe auch „KI")

Binge-Viewing: In Analogie zum Binge-Trinken, dem Komasaufen, werden die Folgen einer Serie über viele Stunden angesehen.

Blogger: Autoren, die regelmäßig kurze Texte (Blogs) im Internet veröffentlichen. Diese können verschiedenste Themenbereiche umfassen, wie Mode, Gesundheit oder Sport. Menschen, die Blogs abonnieren und regelmäßig lesen, werden „Follower" genannt.

Influencer: Personen, die Inhalte im Internet bereitstellen. Diese können unterschiedlichster Art sein: vom politischen Video bis zum Mode-Blog. Je mehr Follower ein Influencer hat, desto größer ist seine Reichweite und sein Einfluss (influence). Viele Firmen nutzen den Bekanntheitsgrad der Influencer, um Produkte zu bewerben. Hieraus generieren die Influencer ihr Einkommen.

KI (Künstliche Intelligenz): Die Definition von Marvin Minsky, dem Gründungsvater der Künstlichen Intelligenz, aus dem Jahr 1966 lautet: Künstliche Intelligenz ist die Wissenschaft, die eine Maschine so arbeiten lässt, dass es einer Intelligenz bedürfte, wenn ein Mensch dieselbe Handlung ausführen würde.

Kontemplation: Versenkung. Meditationstechnik, die vor allem im Christentum genutzt wird. Sie ähnelt der Mantra-Rezitation im asiatischen Raum. Ein kurzer Satz wird immer wieder im Inneren wiederholt. Sie kann auch ein tiefes inneres Betrachten eines Textes beinhalten.

Literatur

1. Dörner, Dietrich: »Killerspiele« und Gewalt. Vortrag auf der International ComputerGame Conference Cologne 2010. Vortragsmanuskript Bamberg/Köln 2010 https://www.uni-bamberg.de/fileadmin/ba2dp4/PDF/Killerspiele.pdf
2. The power of play: The effects of Portal 2 and Lumosity on cognitive and noncognitive skills | Elsevier Enhanced Reader. doi:10.1016/j.compedu.2014.08.013
3. Gabbiadini, A. & Riva, P. The lone gamer: Social exclusion predicts violent video game preferences and fuels aggressive inclinations in adolescent players. *Aggressive Behavior* **44**, 113–124 (2018).
4. Colwell, J. & Kato, M. Investigation of the relationship between social isolation, self-esteem, aggression and computer game play in Japanese adolescents. *Asian Journal of Social Psychology* **6**, 149–158 (2003).
5. Williams, R. B. & Clippinger, C. A. Aggression, competition and computer games: computer and human opponents. *Computers in Human Behavior* **18**, 495–506 (2002).
6. Szycik, G. R., Mohammadi, B., Münte, T. F. & te Wildt, B. T. Lack of Evidence That Neural Empathic Responses Are Blunted in Excessive Users of Violent Video Games: An fMRI Study. *Frontiers in Psychology* **8**, (2017).
7. James, E. L. *et al.* The trauma film paradigm as an experimental psychopathology model of psychological trauma: intrusive memories and beyond. *Clinical Psychology Review* **47**, 106–142 (2016).
8. Holmes, E. A., James, E. L., Coode-Bate, T. & Deeprose, C. Can Playing the Computer Game »Tetris« Reduce the Build-Up of Flashbacks for Trauma? A Proposal from Cognitive Science. *PLOS ONE* **4**, e4153 (2009).
9. West, G. L. et al. Playing Super Mario 64 increases hippocampal grey matter in older adults. PLOS ONE **12**, e0187779 (2017).1.
10. Proceedings / the 5th International Conference on Disability, Virtual Reality and Associated Technologies: 20 to 22 of September 2004, Oxford, UK. (Univ, 2004).1.

11. Counter striking psychosis: Commercial video games as potential treatment in schizophrenia? A systematic review of neuroimaging studies | Elsevier Enhanced Reader. doi:10.1016/j.neubiorev.2016.03.018
12. Nidich, S. *et al.* Non-trauma-focused meditation versus exposure therapy in veterans with post-traumatic stress disorder: a randomised controlled trial. *The Lancet Psychiatry* **5**, 975–986 (2018).
13. Germany, S. O., Hamburg. Kapitel 26 des Buches: Tao Te King von Laotse | Projekt Gutenberg. Available at: https://gutenberg.spiegel.de/buch/tao-te-king-195/26
14. Klimecki, O. M., Leiberg, S., Ricard, M. & Singer, T. Differential pattern of functional brain plasticity after compassion and empathy training. *Social Cognitive and Affective Neuroscience* **9**, 873–879 (2014).
15. Sana, F., Weston, T. & Cepeda, N. J. Laptop multitasking hinders classroom learning for both users and nearby peers. *Computers & Education* **62**, 24–31 (2013).
16. Engelmann, J. M. *et al.* Neural substrates of smoking cue reactivity: A meta-analysis of fMRI studies. 11 (2012).
17. Cuddy, A. J. C., Schultz, S. J. & Fosse, N. E. P-Curving a More Comprehensive Body of Research on Postural Feedback Reveals Clear Evidential Value for Power-Posing Effects: Reply to Simmons and Simonsohn (2017). *Psychological Science* **29**, 656–666 (2018).
18. Dogen Zenji, Shobogenzo Gesamtausgabe, Genjokoan, (3), Angkor Verlag
19. Germany, S. O., Hamburg. Kapitel 5 des Buches: Tao Te King von Laotse | Projekt Gutenberg. Available at: https://gutenberg.spiegel.de/buch/tao-te-king-195/5
20. Wilson, T. D. *et al.* Just think: The challenges of the disengaged mind. *Science* **345**, 75 (2014).
21. Mary Oliver: Wild Geese. Available at: http://www.phys.unm.edu/~tw/fas/yits/archive/oliver_wildgeese.html. (Accessed: 17th June 2019).
22. Melonhead622. *Eric Idle – ›Always Look On The Bright Side Of Life‹ - STEREO HQ.*

23. Lutz, A., Brefczynski-Lewis, J., Johnstone, T. & Davidson, R. J. Regulation of the Neural Circuitry of Emotion by Compassion Meditation: Effects of Meditative Expertise. *PLOS ONE* 3, e1897 (2008).
24. Gespräche im Traum (Große Zen-Meister 1): Soseki Musô, Guido Keller, Taro Yamada, Angkor Verlag
25. Henry P. Stapp: Mindful Universe, Quantum Mechanics and the Participating Observer 2011 Springer-Verlag Berlin Heidelberg
26. Germany, S. O., Hamburg. Kapitel 32 des Buches: Tao Te King von Laotse | Projekt Gutenberg. Available at: https://gutenberg.spiegel.de/buch/tao-te-king-195/32.
27. Aus Hermann Hesse, Stufen, Suhrkamp Verlag; Auflage: 12.

Autorenporträt

Prof. Dr. Angela Geissler ist seit 2000 Chefärztin der Abteilung für Radiologie am Stuttgarter Robert-Bosch-Krankenhaus. Sie ist Fachfrau für Röntgendiagnostik und war jahrelang in großen Kliniken in Deutschland und den USA tätig. Ihr Schwerpunkt ist die Forschung zu Bildgebung, Neurokognition, Meditation und Stressprävention. Seit 2008 ist die Schülerin von Zen-Meister Hinnerk Polenski und als Zen-Meditations-Lehrerin ausgebildet. Sie leitet seit 2009 regelmäßig Meditationsseminare und ist Mitbegründerin des Daishin-Zen-Zentrums in Stuttgart.

Danksagung

Ein Buch zu schreiben ist auch eine besondere Reise zu mir selbst. Sich hier und in den Untiefen der virtuellen Welt nicht zu verlieren, bedarf es Reisebegleitern. Ich möchte Dr. Raps vom Nymphenburger Verlag danken, dass er dieses Buch möglich gemacht hat. Meinem Mann für seinen kritischen Geist und seine wertvollen Kommentare. Meiner Zen-Freundin Birgit für ihre kritischen Kommentare, Anmerkungen und Fragen. Diese haben sehr zur Verständlichkeit und Klarheit des Buches beigetragen.